코딩없이 AI 만들기

노코딩 AI

코딩없이 AI 만들기

노코딩 AI

하세정 지음

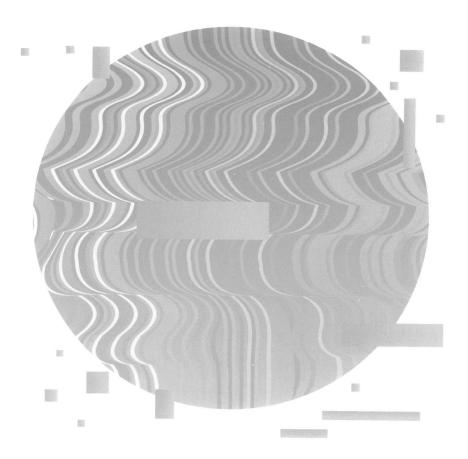

예미

김진형, 인천재능대학교 총장

　나는 교육대학원에서 현직 교사들을 대상으로 인공지능에 대해 한 학기 강의를 한 적이 있다. 수강생들은 인공지능을 이용하여 교육의 질을 높이는 것에 관심을 두고 교육대학원에 등록했다고 한다. 그런데 수강생들은 일반 교과목을 담당하는 교사들이 대부분으로 인공지능은 물론이고 컴퓨터에 대한 기본적인 소양도 부족했다. 나는 이 과목을 통해서 내가 집필한 고급 AI 교양서, 즉《AI 최강의 수업》의 내용을 강의할 심산이었는데 짜증이 났다. 수강생들이 강의를 소화할 수 있는 수준이 아니었기 때문이다. 할 수 없이 수강생들의 수준에 맞춰서 수업 내용을 바꾸었다.

　수강생들에게 코딩을 통해서 자랑할만한 소프트웨어를 만들어 보는 경험이 무엇보다 필요하다고 생각했다. 그래서 수강생들에게 각자 자신의 핸드폰에다가 자신이 말한 한국말을 외국어로 통역하는 앱을 만들고, 그것을 사용하는 과정을 동영상으로 녹화하여 제출하라고 숙제를 주었다. 그랬더니 학생들은 '우리는 컴맹입니다. 저희가 어떻게 스마트폰에다가 앱을 만들 수가 있겠습니까?'라면서 펄펄 뛰었다. 나는 못 들은 척하면서 MIT에서 만든 '앱 인벤터'라는 도구의 사용법을 소개했다.

'앱 인벤터'는 그래픽으로 구동하는 스크래치 프로그래밍을 이용한다. 따라서 코딩이 매우 쉽다. PC에서 버튼을 만들고, 버튼을 눌렀을 때 동작하는 기능을 스크래치 언어로 코딩하면 된다. 스마트폰에 있는 대부분의 인터페이스 기능이 블록으로 미리 준비되어 있어서 잡아끌어서 원하는 위치에 놓으면 프로그램이 끝난다. 물론 크기, 색깔 등의 특성을 원하는 형태로 지정할 수 있다.

통역 앱이란 것은 크게 세 가지 기능이 필요하다. 음성을 인식하는 기능, 번역하는 기능, 번역된 것을 소리로 만드는 기능이다. 각각의 기능이 이미 여러 회사에서 API로 만들어 놓았기 때문에 이 API를 연결만 해 주면 통역 앱이 완성된다.

수강생들은 모여서 세미나를 하는 등 '앱 인벤터'를 더 공부해서 멋진 앱을 자신의 스마트폰에다 만들어 왔다. 코딩을 모르는 교육생들이 인공지능 기술을 이용한 통역 앱을 자신의 스마트폰에 만들고 놀라워했다. 학교에 돌아가면 자기 학생들에게 자랑하고 싶다고 즐거워했다.

이 에피소드에는 소프트웨어, 특히 코딩 교육을 어떻게 해야 하는가에 대한 철학이 숨어있다. 수강생들이 자신이 만들어 보고 싶어 하는 것을 스스로 만들어 보게끔 기회와 도구를 제공하는 것이 소프트웨어 교육, 즉 코딩 교육의 핵심이다. 이런 과정 중에서 이론적 지식이 필요하다면 스스로 찾아서 공부할 수 있도록 도움 주는 것이 교사의 역할이다.

정보 시스템이 점점 복잡해지고 있다. 멀티미디어 정보를 다루고 자연스러운 사용자 인터페이스를 요구한다. 고객의 요구가 복잡해짐에 따라 정보시스템이 다양한 기능을 갖추어야 한다. 그 다양한 기능은 다양한 기술을 사용하여야만 개발이 가능한 경우가 대부분이다. 그렇기 때문에 아무리 숙달된 개발 전문가라 하더라도 바닥으로부터 시작해서 복잡한 서비스를 혼자서 코딩한다는 것은 가능하지 않다. 더구나 교육을 받는 과정의 학생들이 흥미로운 서비스를 바닥부터 소위 '날코딩'으로 구축한다는 것은 어불성설이다.

학생들이 흥미로운 서비스를 스스로 만들어 보고 자부심을 느끼도록 하는 것이 개발자 교육의 핵심이다. 자신이 만든 소프트웨어를 자랑하면서 동료들에게 사용해 보도록 권하는 것은 큰 즐거움이다. 이러한 즐거움을 맛본 학생들은 개발 전문가로 진로를 정할 가능성이 크다.

이런 정보시스템 개발 추세를 우리 교육이 받아들여야 한다. 현장에서 사용하는 도구, 플랫폼을 사용할 기회를 교육기관에서도 학생에게 제공하여야 한다. 현 대학의 재정 여건에서는 쉽지 않을 일이지만 정부와 대학, 기업이 힘을 합하여 도구와 플랫폼을 확보하여야 한다. 그렇게 함으로써 학생이 자신이 좋아하는 프로젝트를 스스로 해 보는 기회를 제공해야 한다.

정보통신산업진흥원의 하세정 연구위원이 《노코딩 AI_코딩 없이

AI 만들기》란 책을 집필했다. 복잡한 코딩을 하지 않고도 AI 모델을 구축하는 방법을 소개하고 있다. 잘 준비된 도구로 코딩을 조금 하거나Low Coding, 심지어는 코딩 없이 하는No Coding 기계학습 방법으로 인공지능 시스템을 구축할 수 있다면 얼마나 다행일까? 매우 시의적절한 발간이다. 모든 젊은이가 이런 방법론을 익혀서 누구나 인공지능의 구축에 도전해 보았으면 한다.

목차

I
AI 시대의 변화

II
AI 시대의 태도

III

AI 시대의 지식

IV

AI 시대의 기술

4차 산업혁명 열풍과 코딩 바람, 반드시 코딩을 배워야 할까?

사람들이 코딩에 대해 단단히 오해하고 있다. 코딩에 관련된 일이 모두 성공하는 미다스의 손처럼 착각하고 있다. 이렇게 된 데는 언론의 책임이 크다. 코딩을 할 줄 알면 취업에 성공하고 높은 연봉을 받을 수 있다는 기사를 연일 내보내고 있기 때문이다. 그래서 많은 사람이 코딩학원에 등록하고 코딩을 배운다. 문과 출신이 코딩을 배워 높은 연봉을 받고 취업했다는 기사도 보인다. 이런 기사들은 반은 맞고 반은 틀린 말이다.

코딩을 잘하는 소프트웨어 개발자가 높은 연봉으로 취업하고 창업에 성공한 사례가 증가하는 것은 사실이다. 그러나 대중이 잘 모르는 사실이 있다. 기업은 코딩할 줄 아는 수준이 아니라 코딩으로 문제를 해결할 수 있는 인재를 원한다. 코딩을 안다는 것과 코딩으로 문제를 해결할 수 있다는 것은 다르다. 기업들은 오히려 코딩 능력보다 문제를 해결 능력을 갖춘 인재를 더 원한다.

코딩하는 방법을 몇 개월 배운다고 해서 코딩으로 문제를 해결할 수 있는 수준이 되지 않는다. 코딩으로 문제를 해결하는 수준이 되기 위해서는 소프트웨어 관련 전공 공부를 하고 석·박사 과정을 거쳐야 높은 연봉을 받을 수 있다. 학교의 정규 과정을 학습하지 않더라도 수 년간의 학습과 훈련이 필요하다.

일상이 된 AI

한때 '융합'이 유행어인 적이 있었다. 모든 것이 디지털 기술로 통합되는 4차 산업혁명 시대에는 산업 지식과 소프트웨어 지식을 모두 잘 아는 융합 인재를 양성해야 한다고 주장하는 전문가도 많았다. 그러나 융합인재가 되는 것은 현실적으로 불가능하다. 한 분야의 전문가가 되는 것도 힘든 데 두 분야의 전문가가 된다는 것이 가능하겠는가? 실제로 산업 현장의 문제를 해결하기 위해서는 소프트웨어 개발자와 산업 인재가 서로 협력할 수 있는 수준으로 다른 분야에 대해 알면 된다. 오히려 각자의 분야에서 전문성을 강화하는 것이 개인이나 사회로서도 좋은 일이다. 그런데 코딩 인재의 필요성만 지나치게 강조되고 있어 걱정이다.

AI 기술이 일상 속으로 들어오고, 일반 대중의 코딩에 대한 관심도 커지고 있다. 컴퓨터를 전공한 사람뿐만 아니라 일반인이라도 코딩을 배워야 한다. 사람의 지적 활동마저 자동화하는 4차 산업혁명이 본격화하면 사람의 일자리를 AI가 대신할 것이기 때문이다.

바야흐로 수학을 포기한 문과 출신과 비 IT 직군의 재직자들도 AI 기술을 활용하는 시대다. 과거에는 코딩을 전문적으로 배워야 AI 기술을 활용할 수 있었다. 그러나 최근 코딩을 하지 않고도 AI를 적용할 수 있는 도구들이 개발되면서 일반 대중도 쉽게 AI를 활용하는 시대가 되고 있다. 소프트웨어 기술이 발전하면서 코딩을 하지 않고도 AI 시대를 리드할 수 있는 길이 열렸다.

AI는 구글의 딥마인드가 개발한 알파고가 이세돌을 이기면서 다시 대중에 널리 알려졌다. 《4차 산업혁명》을 쓴 세계경제포럼의 클라우스 슈밥 회장이 다보스포럼에서 '제4차 산업혁명'의 시대를 선언하면서 AI는 글로벌 아젠다로 부상했다. 요즘은 뉴스에서도 AI 변호사, AI 의사, AI 작곡가, AI 로봇, AI 바리스타 등 사람의 일자리를 AI가 대신한다는 소식을 쉽게 접할 수 있다. AI 시대에 들어섰다는 것은 이제 확실해졌다.

지금의 AI 기술은 'AI 비서'와 같은 서비스 분야에서 널리 알려졌고, 실제 산업 현장에서도 AI 기술을 적용하기 위한 노력이 진행 중이다. AI 기술을 산업에 적용하면 생산성 혁신을 통해 원가를 절감하고 품질을 개선해 산업의 경쟁력을 높일 수도 있고, 고객이 원하는 상품을 기획하고 마케팅을 추진해 새로운 부가가치를 올릴 수도 있다. 생산과 마케팅 활동에 AI 기술을 잘 활용하면 치열한 시장 경쟁에서 살아남을 수 있을 뿐만 아니라 경제적 부도 이룰 수 있다는 말이다.

그러나 상대적으로 디지털 전환이 늦은 중소기업은 데이터를 수집하지 못하고 있고, 데이터의 양이 많아도 양질의 데이터를 선별해 활용하는 역량이 부족하다. 결국, 각 산업 분야의 특성에 맞는 AI 알고리즘과 애플리케이션 개발도 더디기 마련이다.

미래를 주도하는 AI 전문가

글로벌 리서치 기업인 IDC가 2019년에 조사한 바에 의하면 AI 도입 기업 중 92%가 내부 역량 부족으로 AI 기술을 산업 현장에 적용하는 데 실패했다고 한다. IT 업종에 종사하는 인력뿐만 아니라 기존 산업에 종사하는 인력도 AI 기술을 배워야만 완전한 AI 시대가 실현될 것이다.

AI 기술이 빠르게 발전할수록 정치·경제·사회·문화 등 모든 분야에서 이제까지 경험해보지 못한 속도로 변화가 일고 있다. 이를 활용해 경제적 이익을 창출하려면 AI 기술을 학습하고 훈련해야 한다. 최근 성균관대학교의 신동렬 총장은 한 언론사에 기고한 글에서 공무원 시험에 AI 관련 과목을 추가해야 한다고 주장했다. 국민의 삶의 질을 높이고 우리나라를 부강하게 하기 위해서는 4차 산업혁명의 주요 기술 트렌드를 이해하는 것은 물론 AI 기술을 이해하는 공무원이 필요하다는 주장이었다. 소위 '철밥통'이라고 일컫는 공무원도 AI를 활용할 줄 알아야 할 정도이니 기업에 종사하는 사람들이 AI 기술을 익혀야 하는 것은 당연한 일이다.

KAIST의 이광형 총장은 한국공학한림원과 AI 미래 포럼이 주최

한 〈SW·AI 교육 긴급 특별포럼〉에서 '미래 사회에서 성과를 인정받는 사람은 AI를 잘 활용하는 사람이 될 것'이라면서 AI 자주독립 국가로 가기 위해 선진국 수준의 정보화 교육을 해야 한다고 주장했다. 그러나 현실을 보면 우리나라 학교의 정보교육 시간은 AI 전문가로 성장하는데 턱없이 부족하다. 학생들은 AI, 소프트웨어를 배우고 싶어도 교사와 교육 인프라가 부족해 교육 수요를 충당하는 데 어려움이 있다.

언론에서는 연일 AI 개발자가 부족하다는 기업의 불만들을 보도하고 있다. 대기업이 소프트웨어 개발자를 싹쓸이하는 바람에 중소기업은 개발자를 채용할 기회조차 얻지 못하고 있다고 한다. 이렇게 AI 개발자 수요가 높고 AI 기술을 잘 활용할 줄 알면 높은 연봉을 받고 취업할 수 있고 승진이 가능할 텐데 왜 취준생과 재직자들이 AI 기술을 배우지 않는 것일까? AI 기술을 배울 수 있는 교육 콘텐츠와 교육 과정은 넘쳐나는데. 그것도 무료로 말이다.

정부는 국민의 다양한 정보화 교육 수요에 대응하기 위해 무료 교육 과정을 운영하고 있거나 민간의 교육을 학습할 수 있는 바우처를 제공하고 있다. 인터넷에서 '소프트웨어 개발 교육'으로 검색해보면 무수히 많은 교육 과정이 있다. 유튜브에도 현장의 전문가들이 운영하는 AI 교육 채널이 많다. AI 기술에 대한 학습 동기만 있다면 다양한 채널을 통해서 AI 개발자가 될 수 있는 길이 많다. 마음만 먹으면 글로벌 AI 개발자가 될 수 있다. IT 인력 양성 분야에 종사하는 필자가 보기에는 공부할 수 있는 책과 교육 과정이 없어서 AI 개발자가 안 되는 것이 아니다. 다수의 국민은 AI 개발자가 되기 위해 무엇을 공부해야 하고, 어떻게 공부해야 할지 모르는 것이다.

컴퓨터와 소통할 수 있는 언어 능력인 코딩은 배우기가 쉽지 않다. 코딩을 할 줄 알아도 현장에서 사용할 수 있는 수준으로 성장하는 것은 더 어렵다. 코딩을 잘할 수 있어도 산업 현장의 지식이 없으면 산업 현장에 AI 기술을 적용할 수 없다. 문과생과 산업계 재직자들은 생리적으로 코딩을 배우는 것을 어려워한다. 코딩에 대한 흥미도 없고 자신의 전공 및 직무와 관련된 지식을 학습하는데도 시간이 빠듯하기 때문이다.

누구나 AI 전문가가 될 수 있다

이 책은 다양한 산업에서 활용하는 국가직무능력표준에 근거해 독자들이 AI 인재가 되기 위해 준비해야 할 내용을 안내하는 방식으로 구성했다. 왜 AI를 공부해야 하는지, 어떤 태도를 갖추어야 하는지, 어떤 지식과 기술을 학습해야 하는지 총 4부로 구성된 이 책은 특히 코딩을 어려워하는 일반인들이 코딩 없이 AI 기술을 활용할 수 있도록 소개하고 있다.

먼저 노코딩 기반의 AI 솔루션을 활용해 AI 기술에 친숙해진 다음 코딩을 배울 것을 제안한다. AI 솔루션으로 산업 현장의 문제를 해결할 수 없을 때 코딩을 배우고 싶은 강한 학습 동기가 생긴다. 그때가 코딩을 배우기 좋은 타이밍이다. 섣불리 코딩을 배우려 시도했다가 중도에 포기하면 AI 개발자로 성장할 수 없기 때문이다.

이미 4차 산업혁명에 대해 알고 있고 태도, 지식, 기술 중 독자의 수준에 따라 이미 알고 있는 내용은 읽지 않아도 된다. 그러나 지식은 이해하면 되는 반면에 태도와 기술은 아는 수준을 넘어 반복 훈련을 해야 현장에서 사용할 수 있다, 지속적인 반복을 통해 기술을 몸에 완전히 익혀야 그 기술을 응용할 수 있다. 이 책에서 제시하는 태도와 기술은 아는 내용이라고 하더라도 계속해서 반복하는데 활용하는 도구로 사용하면 좋겠다.

나노 테크놀로지의 많은 기본 개념을 정립한 공학자 에릭 드렉슬러Eric Drexler는 '인간이 만든 기계는 인간을 상회하는 수준으로 진화하고 있다. 앞으로 수십 년 이내에 기계가 인간을 추월할 듯하다. 공존하는 방법을 생각하지 않으면 우리 인간의 미래는 자극적이지만 짧아질 수 있다'라고 했다. 늦기 전에 AI가 우리 일상으로 들어온 시대에서 무엇을 공부하고 무엇을 준비할 것인지 찾아 노력해야 한다. AI 시대는 소프트웨어 인재와 일반인을 특별히 구별할 수 없는 시대가 될 것이다. 문과생과 비 IT 직군의 재직자도 자신의 흥미와 역량에 따라 누구나 AI 시대의 주인공이 될 수 있다.

이 책에 다양한 AI 솔루션의 사례를 모두 담을 수는 없었다. AI 솔루션을 활용해 AI 인재가 되는 길잡이 정도의 수준에 머물러 아쉬움이 있다. 그러나 이 책을 통해 코딩할 줄 모르는 문과 출신이 AI 솔루션 학습을 시작하고, AI 기술을 현장 업무에 적용할 수 있도록 용기를 주는 데 도움이 되면 좋겠다.

이 책의 집필은 AI 솔루션을 활용한 AI 인력 육성의 비전을 가진 딥노이드의 최우식 대표를 만나면서 시작되었다. 그의 열정과 조언이 있었기에 책을 출간할 수 있게 되었다. 산업계의 AI 인력 수요에 대응할 수 있는 실용적인 AI 인력 양성 방안을 찾고 있던 필자는 AI 솔루션을 국민에게 알려야겠다는 소명 의식으로 책을 마무리할 수 있었다.

이 책이 우리 국민 모두 AI 기술을 활용해 사회와 산업을 혁신하는 1인 1 AI 시대가 되는 데 작은 도움이 되길 기대한다. 독자들이 이 책을 끝까지 읽고 AI 솔루션을 더 구체적으로 학습해보기로 한다면 AI 전문가로 성장할 수 있는 길에 들어선 것이다.

여러분의 길을 응원한다.

이제 AI 시대로 가자.

2022년 6월
하세정

I

AI 시대의 변화

1
노코딩으로 하는 AI

문과도 할 수 있는 노코딩 AI

코딩을 할 줄 알면 우리 일과 삶에서 일어나는 다양한 문제를 해결할 수 있다. 그래서 많은 사람이 코딩 학원에서 코딩을 배우려고 시도하지만, 취업이 가능한 수준의 코딩 실력을 갖추지 못하고 도중에 포기하는 사람이 많다. 배우기가 쉽지 않고, 어설프게 배워서는 산업 현장에서 활용할 수 있는 수준에 미치지 못하기 때문이다.

컴퓨터와 소통하는 언어인 코딩은 인간이 소통하는 말과 같다. 그런데 말을 할 수 있어도, 생각이 없다면 상대에게 한 마디도 할 수 없다. 상대방을 설득하려면 사고를 통해 논리를 만들고, 이것을 말로 전달해야 한다. 생각을 통해 말하는 것처럼 산업 현장에 관한 지식이 있어야 코딩이라는 언어로 컴퓨터와 소통할 수 있는 것이다. 그래서 코딩보다는 컴퓨터에 명령을 줄 수 있는 산업과 직무에 대한 능력이 더 중요하다.

　코딩이란 벽에 좌절한 문과생과 비 IT 직무에 종사하는 사람들에게 희소식이 있다. 코딩을 몰라도 AI 기술을 활용할 수 있는 AI 솔루션이 개발되어 보급되고 있기 때문이다. 컴퓨팅 처리 용량과 처리 속도가 빨라지고, 코딩이 필요 없는 이른바 '노코딩'으로 AI 솔루션 기술이 발전하면서 코딩을 하지 않고도 AI 기술을 활용할 수 있게 되었다. 노코딩 AI 기술 적용이 가능해지면서 AI 개발자보다는 AI 솔루션을 활용할 줄 아는 산업의 도메인 전문가 역할이 중요해질 것이다. 바야흐로 코딩을 할 줄 몰라도 AI 시대의 주역이 될 수 있는 시대가 되었다.

　코딩을 잘하는 전문가들이 AI 기술적용에 필요한 코딩을 미리 구현한 위젯(특정 기능을 담고 있는 작은 애플리케이션)을 제공하는 AI 솔루션은 일반인도 쉽게 AI 기술을 활용할 수 있게 한다. 코딩을 할 줄 몰라도 위젯을 작업 공간에 가져다 놓고 이어 붙이기만 하면 AI 알고리즘을 만들 수 있다. 따라서 일과 삶에서 겪는 문제를 발견할 수 있는 능력만 있으면 코딩을 몰라도 AI 기술을 적용할 수 있는 것이다.

　현대에는 미분방정식으로 물리적 현상을 분석해 다양한 제품과 서비스를 만든다. 다리를 놓거나 발전소를 짓고, 자동차를 만드는 일은 물론, 소비자에게 상품을 전달하기 위해 최적의 물류·유통 경로를 찾

　　　　　　　　　　　　　　　　　　　　　　　　　노코딩 AI

는 데도 미분방정식을 이용한다. 그러나 미분방정식을 일일이 코드로 작성해서 시뮬레이션 환경을 꾸미는 것은 복잡하고 어렵다.

블록을 연결해서 입력과 출력의 미분방정식 함수를 손쉽게 구현하는 도구가 있다. 아래 표는 블록을 연결해 2계 미분방정식을 표현한 예다. 방정식의 모양은 간단하지만, 시뮬레이션하기 위해서는 코딩을 해야 한다. 문과생과 비 IT 종사자는 엄두도 못 낼 일이다. 그런데 'MATLAB'이란 솔루션을 이용하면 복잡한 코딩을 블록 연결만으로도 쉽게 구현할 수 있다.

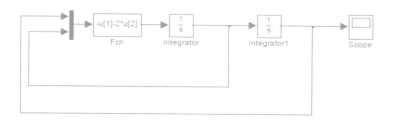

MATLAB/Simulink 사례

$$\ddot{x} = -2\dot{x} - x$$

미분방정식

코딩을 잘하면 코딩을 해서 원하는 AI 모델을 만들어 활용하는 것이 가장 좋은 방법이다. 그러나 현장에서는 가장 좋은 방법이라 하더라도 효율성을 고려해서 의사결정을 해야 한다. 코딩 능력을 갖추는 데는 시간과 비용이 많이 든다. 어렵게 코딩 능력을 갖추더라도 IT 기술의 발전 속도가 빨라서 힘들게 배운 기술이 소용없을 때도 있다. 따라서 비 IT 직군 재직자와 취준생들은 AI 솔루션을 활용하는 것이 좋은 대안이다.

지금까지는 AI 기술을 활용하기 위해 코딩을 배우는 방법밖에 없었다. 최근 글로벌 IT기업들이 텐서플로나 파이토치와 같은 도구를 개발해서 코딩을 잘 몰라도 AI 기술을 활용할 수 있게 되었다. 그래서 AI 솔루션을 두고 'AI를 만드는 AI'라고 말한다. 결국 고도화하는 AI 솔루션의 기능과 성능 덕분에 이제는 코딩을 몰라도 산업 현장의 전문가들이 데이터 사이언티스트가 하던 일을 할 수 있게 되었다.

이미 머신 러닝과 딥 러닝을 적용할 수 있도록 개발된 AI 솔루션을 활용하면 SW 개발자가 코딩으로 해야 했던 AI 모델 개발을 산업 전문가도 할 수 있다. AI 솔루션이 제공하는 위젯을 이어 붙여 뇌출혈 환자의 CT 데이터를 아래와 같이 딥 러닝 모델 파이프라인으로 만들면 쉽게 CT 사진을 분석할 수 있는 AI 알고리즘을 만들 수 있다. AI 솔루션을 활용하면 코딩을 할 줄 모르는 의사도 AI 알고리즘을 만들 수 있다.

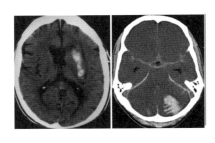

뇌출혈 환자의 CT 사진

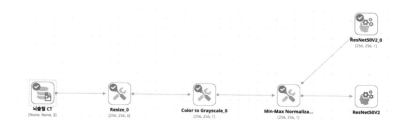

CT 데이터를 이용한 딥 러닝 모델 파이프라인

AI 솔루션 활용의 이점

AI 솔루션을 활용하면 머신 러닝 모델을 개발하는 프로세스를 자동화해 데이터 분석의 효율성을 높일 수도 있다. 글로벌 전략 컨설팅 기업인 맥킨지McKinsey & Company에 의하면 데이터 사이언티스트의 작업 시간 60~80%는 모델링을 위한 데이터를 준비하는데 소요된다고 한다. AI 기술 적용 프로세스에서는 사람이 직접 데이터 처리, AI 학습, 모델의 성능 평가 등 반복적인 일을 한다. 최적의 성능을 내는 AI 모델을 개발하기 위해 부가가치가 낮은 일에 많은 시간과 비용을 소모한다.

반복적인 작업을 자동화한다면 어떨까? 실제적인 문제에 더 집중할 수 있고, 사람이 저지를 수 있는 오류를 방지할 수도 있다. 직접 코딩해 설계한 AI 모델보다 AI 솔루션을 이용해 더 나은 AI 모델을 개발할 수도 있다. AI 솔루션을 활용해 최종 AI 모델 배포 시간을 3~4

주에서 단 8시간으로 단축한 사례도 있다.[1] AI 개발에 AI 솔루션을 활용할 경우 개발자가 직접 개발한 경우보다 시간이 약 90% 정도 절약되고, AI 모델의 유지보수 비용도 약 90% 정도 절약된다고 한다.

AI 솔루션은 지속적으로 발전하고 있으며 높은 유연성, 다양성 및 사용 편의성을 제공할 뿐만 아니라 다양한 기능을 제공하고 있다. AI 솔루션은 공개 소프트웨어를 활용해 학계에서 처음으로 시도되었고, 'Data Robot'나 'H2O' 같은 스타트업 기업들이 개발하기 시작했다. 이후 글로벌 IT 기업들이 AI 솔루션을 개발하기 시작하면서 AI 솔루션의 기술력이 빠르게 발전하고 있다. 글로벌 리서치 기업인 '가트너'는 AI 솔루션의 발전으로 일반인 누구나 AI 기술을 활용해 데이터를 분석하는 시대가 올 것으로 전망했다. AI 솔루션이 발전하면서 현재 주목받는 데이터 사이언티스트의 수요는 점점 줄어들고, 산업 분야의 풍부한 전문 지식을 활용해 AI 모델의 품질을 향상하는 인력들의 수요가 증가할 것이다.

컴퓨터의 처리 용량과 속도가 빨라져서 산업계에서 저비용으로 AI 솔루션을 활용할 수 있는 시기에는 AI 솔루션이 AI 전문가를 대체할 가능성이 있다. 그러나 AI 기술 적용의 전 과정을 AI 솔루션으로 자동화하는 데는 한계가 있으므로 AI 솔루션은 AI 기술 적용 과정의 시간

---

1   한은영, <AI 기술발전이 인재양성 정책에 주는 시사점: AutoML 사례>, 《AI TREND WATCH》, (정보통신정책연구원, 2020).

과 비용이 많이 드는 소모적인 부분에 활용하고, 사람은 창의적이고 생산적인 부분을 담당하게 될 것이다.

AI 솔루션을 활용한 AI 모델은 효율적인 AI 모델 개발 방법이기는 하지만 예외적인 상황에 대한 AI 모델을 개발하는 데는 한계가 있다. 글로벌 리서치 기업인 맥킨지의 분석에 의하면 비표준 데이터와 관련된 작업, 복잡한 데이터 및 데이터 편향이 있는 경우, 모델 성능의 약간의 차이가 모델값에 큰 영향을 미칠 때는 여전히 수학과 통계를 기반으로 한 데이터 사이언티스트가 필요할 것이라고 한다.

AI 솔루션 기술이 발전하면 코딩으로 하던 많은 부분이 AI 솔루션으로 구현될 것이다. AI 개발자를 채용하기 어려운 중소기업들은 산업과 데이터 특성에 맞는 AI 솔루션을 선정, 재직자가 AI 솔루션 활용 방법을 학습하도록 해서 AI 기술을 적용할 수 있다.

산업 현장에서 활용되는 AI 솔루션

각 산업 분야에 종사하는 재직자들이 AI 기술을 활용해 데이터를 분석할 수 있도록 AI 솔루션이 보급되고, 재직자들이 AI 솔루션을 활용해 기업 경쟁력을 강화한 사례가 출현하고 있다. AI 등 혁신기술·산업 분석정보를 제공하는 AI Multiple 사는 AI 솔루션을 활용한 사례를 '20년 1월에 소개한 바 있는데, 부정 탐지Fraud Detection, 가격 전략 수립Pricing, 영업 관리Sales Management, 마케팅 관리Marketing Management

등의 분야에서 데이터 기반 의사결정 및 예측을 위해 사용하고 있는
것으로 조사되었다.

[AI 솔루션 활용 사례][2]

기업	국가	솔루션	산업 분야	이용 사례
ASG	싱가포르	Data Robot	부동산	주차장 이용 예측
Avant	미국	Data Robot	금융	대출 결정
California Design Den	미국	Google Cloud AutoML	소매	전자상거래
Consensus Corporation	미국	Data Robot	기술	부정 탐지
DemystData	미국	Data Robot	기술	제품 품질
Domestic General	영국	Data Robot	보험	고객 경험
Evariant	미국	Data Robot	헬스케어	마케팅 관리
G5	미국	H20.ai	부동산	콜센터 관리
Harmony	호주	Data Robot	핀테크	신용신청 절차
HortiFruit	칠레	H20.ai	농업	제품 품질
Imagia	캐나다	Google Cloud AutoML	헬스케어	연구 및 개발
Lenovo	브라질	Data Robot	기술	판매 및 제조·운영
LogMeln	미국	Data Robot	기술	고객 경험
Meredith Cooperation	미국	Google Cloud AutoML	미디어	콘텐츠 분류
NTUC Income	싱가포르	Data Robot	보험	가격 전략
One Marketing	덴마크	Data Robot	마케팅	마케팅
Paypal	미국	H20.ai	금융	부정 탐지

2   한은영, <AI 기술발전이 인재양성 정책에 주는 시사점: AutoML사례>, 《AI TREND WATCH》, (정보통신정책연구원, 2020).

Pelephone	이스라엘	DMWay	통신	영업 관리
PGL	이스라엘	DMWay	운송	계획 및 일정
Steward Health Care	미국	Data Robot	헬스케어	직원 계획
Trupanion	미국	Data Robot	보험	마케팅
Vision Banco	파라과이	H20.ai	금융	위기관리

　　정보통신산업진흥원은 국내 산업의 AI 기술 적용 촉진을 위해 2000년부터 'AI 바우처'사업을 추진하고 있다. AI 기술 적용을 원하는 기업과 AI 솔루션 기업을 매칭해 AI 기술 적용 사업 계획서를 제출하면 최대 3억 원까지 지원하는 사업이다. 신청한 과제를 살펴보면 유통, 제조, 정보 관리, 의료, 생활, 교육, 금융, 안전 분야의 수요가 많다. 그 외에도 다양한 서비스 분야에서 AI 솔루션을 활용해 AI 기술을 적용하려는 시도가 확인되고 있다.

　　AI 솔루션 또한 매우 다양하다. 구글, 아마존, 마이크로소프트 같은 글로벌 IT 기업뿐만 아니라 국내 IT 기업들도 AI 솔루션을 개발해 공급하고 있다. 정보통신산업진흥원에서 운영하는 AI Hub 사이트 https://aihub.or.kr/supplier_pool에서는 AI 기술 적용을 추진할 수 있는 AI 솔루션 기업 리스트를 제공하고 있으므로 참조할만하다. AI 솔루션은 데이터 유형과 관계없이 다양한 산업 환경을 지원하는 통합형 솔루션과 특정 산업 영역에 전문화된 솔루션이 있다.

[국내 주요 AI 솔루션][3]

회사명	세부 솔루션 내용	비고
네이버	클로바 AI 플랫폼, 이미지, 모델 개발 및 운영, 추천 중심	통합
삼성SDS	Brightics 플랫폼, 비디오/이미지, 결점 분석 등	통합
LG CNS	DAP(Data Analytics & AI Platform), 클라우드 환경 All-in-one 솔루션	통합
솔트룩스	AI Suite, 자연어, 음성, 이미지 기반 지식 처리 플랫폼	통합
셀바스 AI	빅데이터 기반 예측 플랫폼	통합
딥노이드	머신 러닝 기술을 활용한 의료 이미지 데이터 분석	의료
아크릴	텍스트, 감성, 대화 처리 플랫폼	텍스트
루닛(Lunit)	이미지 인식 엑스레이 진단	의료
뷰노(VUNO)	X-ray 영상 정보와 생리학적 데이터, EMR등 진단 기록을 분석해 질병 진단	의료
유비파이(UVify)	머신 비전 기반 자율주행 드론 개발	드론
뤼이드(Riiid)	데이터와 머신 러닝 기반 에듀테크 기업	교육
아일리스	머신 러닝 기술 활용한 비정형 데이터 분석	통합
스탠다임	데이터 기반 머신 러닝 활용해 신약 개발 과정 단축 기술	의료
써로마인드	머신 러닝을 활용한 스마트 팩토리 구현 기술	제조

AI 솔루션으로 AI 기술을 적용하다 보면, 그 AI 솔루션에 종속되어 AI 기술 적용을 확대할 때 협상력이 낮아진다는 것을 걱정하는 사람들이 있다. 그러나 구더기 무서워 장 못 담근다는 말처럼 지나친 염려로 인해 AI 기술 적용을 통한 사업 혁신의 기회를 놓칠 수도 있다. 관심 있는 분야에 대한 AI 솔루션을 찾아서 먼저 AI 학습을 시도해보면 좋겠다. 대부분의 도구가 유사한 UI를 사용하고 있어서 한번 익숙해지면 다른 도구를 이용하는 방법도 쉽게 익힐 수 있다.

---

3   이진휘, <AI 기술 동향과 오픈소스>, (정보통신산업진흥원, 2020년) 수정 인용

[AI 솔루션(딥파이/딥노이드 사) 의료 분야 활용 사례]

산업 분야의 전문지식을 가지고 있는 전문가가 코딩으로 AI 모델을 개발하기 위해서는 머신 러닝, 딥 러닝에 대한 기초 학습과 비전, 음성, 자연어 등 데이터의 특성에 맞는 AI 모델 학습에 관련된 코딩 기반의 다양한 라이브러리를 학습해야 한다. 코딩을 할 줄 모르는 일반인이 이런 수준이 되기 위해서는 최소 6개월 이상 풀타임으로 학습해야 한다. 이미 재직하고 있는 사람들은 전문 분야와 관련 없는 분야의 전문지식을 학습할 수 있는 시간적 여유가 없다. 재직 중인 의사가 AI 학습을 시도했다가 교육 과정을 수료하지 못한 사례가 있는데 이는 의사와 같은 현장의 전문가가 코딩을 활용한 AI 모델을 개발하기 어렵다는 것을 알 수 있다.

산업 분야의 전문가가 코딩 학습 없이 AI 솔루션을 활용해 AI 모델을 개발하고 이를 학술지에 발표한 사례가 있다. 동아대학교 핵의학과 강도영 교수 연구팀과 딥노이드 연구팀의 정종훈 연구원이 AI 솔루션인 딥파이를 활용하여 뇌 PET 영상을 분석한 논문이 2021년 10월에 국제 학술지에 게재되었다.[4] 뇌 PET 영상에서 치매 진단에 핵심 요인이 되는 아밀로이드 베타 물질의 침적 정도를 딥 러닝 기술로 분류한 논문이다. 코딩 역량이 없는 산업분야 전문가도 AI 솔루션을 활용해 의학 분야 국제 학술지에 AI 모델 관련 논문을 발표할 수 있다는 것을 보여주고 있다.

---

4   Lee SY, Kang H, Jeong JH, Kang Dy (2021) Performance evaluation in [18F]Florbetaben brain PET images classification using 3D Convolutional Neural Network. PLOS ONE 16(10): e0258214. https://doi.org/10.1371/journal.pone.0258214

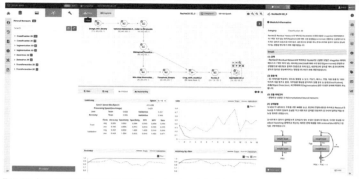

Fig 11. GUI of DEEP:PHI. The image preprocessing, performance, etc. can be seen in the window.

https://doi.org/10.1371/journal.pone.0258214.g011

CT, MRI 영상과 비교하였을 때 아밀로이드 베타 물질의 침적 여부를
직접 확인할 수 있기에 PET 영상을 사용하였고, 어떠한 인공신경망 모
델이 우수한 성능을 보이는지 확인하기 위해 딥파이를 활용해 여러 AI
모델을 비교하였다.

PET 영상 분석을 위해 필수적인 영상처리 기법인 공간 정규화 기법 또
한 동아대 연구팀과 딥노이드 연구팀이 공동으로 개발하여, 딥파이에
모듈화하였으며 이렇게 개발된 전처리 모듈과 함께 다양한 신경망 모
델들을 불러와서 학습에 성공하였다.

아밀로이드 베타 물질이 정상일 경우 Negative, 정상 이상으로 많이
침적된 경우 Positive로 분류하였으며, Binary Classification 결과
97% 이상의 높은 정확도를 보였다.

[AI 솔루션(다빈치랩스/아일리스 사) 금융 분야 활용 사례]

금융산업에 종사하는 직무 전문가들을 대상으로 수억 원을 투자한 코딩 교육 프로그램을 운영해 금융 산업에 AI 기술을 적용하려는 시도가 있었다. 그러나 직무 전문가들이 코딩을 학습하는데 어려워하기도 했고, 교육을 이수했더라도 단기 교육 과정을 통해 AI 모델을 개발할 수 있는 수준이 되지 않아 실패했다고 한다. 재직자 대상으로 코딩 교육을 시켜 AI 기술을 적용하려던 기업들이 대안으로 AI 개발자와 금융 분야 전문가가 AI 솔루션을 기반으로 협력해 AI 기술을 적용함으로써 다양한 성과를 창출하고 있다.

금융			
은행	보험	카드	증권
신용평가 고도화	언더라이팅 고도화	발급 심사	금융상품 추천
조기경보	지급 심사 자동화	카드 추천	휴면고객 방지
회생모형	손해액 예측	가맹소비 유도	투자성향 분석

- 대출 횟수, 연체 횟수, 카드 정보, 신용 패턴 등을 AI 솔루션을 활용해 분석함으로써 기존 통계 모형에 의한 대출 승인율(10%) 보다 개선된 대출 승인율(24%)로 인한 이익 증가
- 지인 상품 추천 이벤트를 진행하면서 AI 솔루션을 활용해 이벤트 반응률이 매우 높은 고객 특성을 도출해 타깃 고객을 분석함으로써 이벤트 반응률 증가
- 실시간 금융 거래 행위를 AI 솔루션으로 분석해 위험 가능성을 예측해 손실을 절감
- 고객의 행동 패턴을 분석해 고객 클러스터링을 함으로써 맞춤형 상품을 추천하고 계약 성사율에 영향이 높은 행동 변수를 도출해 마케팅·영업 활동을 진행해 계약 성사율 증가 (18.2~62.1%)

[AI 솔루션(AI Studio/써로마인드 사) 제조 분야 활용 사례]

산업 현장의 엔지니어를 대상으로 데이터 전처리부터 특성 추출, 모델 개발까지의 전 과정을 AI Studio를 이용하여 교육하고 현장 전문가들이 참여하여 상용 전기차 개발 과정에서 발생하는 이상 소음/진동 데이터를 분석하여 고장을 진단하는 솔루션 개발을 하였다. 교육에 참여한 엔지니어들은 음향 데이터를 코딩으로 처리할 수 있는 전문적인 지식이 없었지만, AI Studio가 제공하는 다양한 전처리 기법을 적용하여 특징값을 추출할 수 있었다.

주성분 분석인 PCAPrincipal Component Analysis기능을 이용하여 복잡한 데이터의 효율적인 분석을 위해 정보량을 최대화하면서 계산 복잡도를 최소화하도록 차원을 축소할 수 있었다. 엔지니어들이 AI Studio를 이용하여 CNN 등의 딥러닝 모델뿐만 아니라 SVM, Random Forest 등 다양한 머신 러닝 모델의 성능을 평가하고 솔루션 개발에 기여했다. AI Studio 교육을 받은 교육생들은 코딩에 대한 장벽이 있어 데이터 분석에 도전하는 것에 어려움이 있었지만, 관련 전공이 아니어도 쉽게 데이터 분석을 할 수 있었다. 코딩이 더 다양한 기능을 직접 구현할 수 있겠지만 코딩을 할 줄 모르는 엔지니어도 AI 솔루션을 이용하여 데이터 분석을 할 수 있어 좋았다고 평가했다.

[AI솔루션(아마존 웹서비스 사) 활용사례]

Boston College에서 AI 기술을 도입한 사례를 분석한 보고서를 발표했다. 이 보고서에 의하면 AI 기술을 도입하여 디지털 전환에 성공하기 위해서는 SW개발자가 산업지식을 학습하기보다는 산업전문가의 SW기술 역량을 높이는 것이 더 중요하다는 것이다.

약 8,000명의 직원을 보유한 글로벌 투자기업인 MorningStar는 기술노동자의 35%를 포함하여 445명(전 직원의 5%) 이상의 직원이 자율주행차를 개발하는 과정을 학습하는 AWS DeepRacer를 이용하여 AI 기술 훈련을 했다고 한다. 소프트웨어를 개발할 수 있는 역량도 중요하지만, 사업담당자들이 소프트웨어를 활용할 수 있는 역량을 갖추는 것이 중요하기 때문이다. 즉, 소프트웨어 개발자와 산업현장의 전문가가 협력할 수 있는 역량을 갖출 때 디지털 전환에 성공할 수 있다.

디지털 전환을 위해서는 서버 인프라 구축, 솔루션 도입, 소프트웨어 개발자 채용 등 초기 투자뿐만 아니라 유지보수 등 지속적인 투자가 필요하다. 디지털 전환의 필요성은 인식하더라도 초기 진입 비용이 많으면 쉽게 투자의사 결정을 하기 어렵다. 변동성이 큰 경영환경일수록 대규모 투자를 할 수 있는 기업은 많지 않다. 그러나, 사용한 만큼 사용료를 지불하는 클라우드 기반의 IaaSInfrastructure as a Service: 서버 등 컴퓨팅 인프라를 서비스로 제공, PaaSPlatform as a Service: 응용소프트웨어를 개발할 수 있는 플랫폼을 서비스로 제공, SaaSSoftware as a Service: 클라우드 환경에서 동작하는 응용 소프트웨어를 서비스로 제공 상품이 공급되면서 디지털 전환을 시도할 수 있는 진입장벽이 많이 낮아졌다.

아마존 웹서비스가 제공하는 상품 및 서비스를 활용하여 디지털 전환을 추진한 고객이 150만 명에 달한다고 한다. 다양한 산업과 직무에서 이미 그 효과가 입증되고 있다.

기업명	내용
Aramax 물류분야 글로벌 기업	솔루션: 플랫폼 활용 AI 모델 개발 성과: 배송문의 처리시간 단축(2.5초->200milliseconds)
Discovery 글로벌 미디어 기업	솔루션: 개인화 콘텐츠 추천 서비스 성과: 개인화 서비스 빠른 시간내 구축
PSHSA 캐나다 공공 헬스케어 기업	솔루션: 챗봇 성과: 고객문의 3건 중 1개를 챗봇이 처리
PSHSA 캐나다 공공 헬스케어 기업	솔루션: 문서 데이터 분석 성과: 보험신청 문서의 80~90% 처리 자동화
ENGIE 에너지 생산유통 글로벌 기업	솔루션: 예지보전 성과: AI 모델 학습을 위한 컴퓨팅 자원비용의 90% 절감
Intuit 재무회계 글로벌 기업	솔루션: 플랫폼 활용 AI 모델 개발 성과: 대출 승인 정확도 증가로
AMAZONROBOTICS 아마존 지원 SW개발 자회사	솔루션: 플랫폼 활용 AI 모델 개발 성과: 생산성 20% 증가, 모델학습 추론비용 50% 절감
롯데마트	솔루션: Amazon Personalize 성과: 모바일 쿠폰앱의 기존 대비 2배이상 높은 반응률 성과
zigzag	솔루션: Amazon Personalize 성과: 개인 추천 상품 서비스를 한 달 만에 만들고 배포
인터파크	솔루션: Amazon Forecast 성과: 맞춤형 쇼핑 기반 비용절감과 마케팅 효율성 강화
Mesh Korea	솔루션: Amazon Forecast 성과: 배달 기사들에게 배송수요를 높은 정확도록 예측 제공
대한항공	솔루션: 플랫폼 활용 AI 모델 개발 성과: 항공기 정비 시 엔진마모 예측 모델 개발에 활용
KB국민카드	솔루션: 플랫폼 활용 AI 모델 개발 성과: 리브메이트 앱 금융상품 추천 3.6배 성능향상
SK ecoplant	솔루션: 플랫폼 활용 AI 모델 개발 성과: 연간 산화물 및 탄소량 4톤 저감
T모바일	솔루션: 플랫폼 활용 AI 모델 개발 성과: 데이터 레이블링 시간 단축

AI 솔루션으로 시작하고 코딩으로 완성하는 AI

AI 솔루션으로 쉽게 할 수 있는 작업을 코딩해서 한다면 시간과 비용이 비교할 수 없을 정도로 많이 든다. 코딩을 할 수 있는 AI 개발자를 채용해서 AI 기술을 적용하기도 쉽지 않다. AI 솔루션 기업에 아웃소싱 하더라도 내부 직원이 AI 기술에 대한 지식과 기술이 부족할 경우 AI 프로젝트가 성공하기 어렵다. 이런 경우에는 자신의 산업 분야와 직무에 가장 효과적인 AI 솔루션을 선택해 내부 직원이 먼저 AI 기술 적용을 시도해보는 것도 대안이 될 수 있다. 시도해보면서 자체적으로 해결할 수 없는 부분이 무엇인지 구체적으로 알 수도 있다. 이때가 외부 전문 AI 솔루션 기업과 협력할 때다.

언어는 실제로 활용할 때 유창하게 할 수 있다. 문법이나 개념을 이해하는 데 중점을 두는 학습은 실제로 언어를 활용하는 데 도움이 되지 않는다. 영어 문법을 몰라도 외국인과 말을 하다 보면 자연스럽게 의사소통이 가능해진다. 컴퓨터 프로그래밍 언어도 마찬가지다. 코딩이란 문법을 잘 몰라도 AI 솔루션을 활용하다 보면 컴퓨터와 소통할 수 있다. 컴퓨터와 소통을 할 수 있으면 호기심이 자극되어 코딩을 배우고 싶은 욕구가 생긴다. 처음에는 코딩을 몰라 AI 솔루션으로 AI 기술을 활용했지만, 나중에는 코딩으로 현장의 문제를 해결하는 AI 전문가로 성장할 수 있다.

산업계 종사자는 이질적인 지식에 대한 거부감으로 코딩 학습을 시도하기가 쉽지 않다. 먼저 AI 기술을 적용해보면서 AI 기술의 맛을 보는 것이 좋겠다. AI 솔루션을 적용하다 보면 코딩을 배우고 싶은 욕구가 생기는 시점이 있을 것이다. 그때가 코딩을 배워야 할 때다. AI 기술 적용 프로세스를 진행해보면 AI 솔루션에서 수행한 업무의 코드를 이해할 수 있는 능력이 생긴다. 코드에 익숙해지면 코딩을 배우는 것은 그다지 어렵지 않다. 공부의 달인이 '공부는 이해하는 것이 아니라 익숙해지는 것'이라고 했다지 않은가. 이해하기 어려운 AI 기술을 이해하려고 하면 그 벽이 너무 높아 관심이 사라지고 만다.

AI 솔루션으로 AI 기술을 학습하는 것은 그다지 어렵지 않다. 문과생과 코딩을 배울 시간이 없는 비 IT 직무에 종사하는 재직자들은 AI 솔루션을 활용해서 AI 기술 적용을 시작해보면 좋겠다. 먼저 AI 솔루션으로 AI 기술을 활용하고, AI 솔루션으로 해결되지 않는 문제를 스스로 해결하고 싶어질 때 코딩을 배울 것을 추천한다.

산업 현장의 재직자들은 AI 모델을 직접 개발하는 직무를 수행하기보다는 현장의 데이터를 활용해 문제를 해결하거나 새로운 부가가치를 창출하기 위한 AI 모델 개발 프로젝트를 기획하고 운영할 가능성이 높다. AI 모델 개발 프로젝트에 착수하면 AI 전문가의 도움을 받을 수 있지만, 기획 단계에서는 AI 전문 개발자의 도움을 받기 어렵다.

AI 전문가도 산업 현장의 문제에 대한 이해가 없어서 AI 모델 개발 프로젝트 기획에 도움을 주는 데 어려움이 있다. 산업계 재직자들이 AI 솔루션을 이용하면 AI 모델 개발 프로젝트의 가능성을 점검하고 AI 모델 개발 프로젝트를 기획할 수 있다. AI 솔루션을 다룰 수 있게 되면 AI 모델 개발 프로젝트 수행 중에, 코딩을 하는 외부의 AI 전문 개발자와 소통도 잘 된다. 코딩을 배우는 것보다는 코딩을 잘하는 사람과 협력하는 방법을 배워 문제를 해결할 수도 있다.

2
새롭게 부상하는 AI 계급

AI로 인한 일자리 구조 변화

AI 기술은 인간으로부터 일자리를 뺏어가는 위험한 존재일까? 자동차가 등장하면서 마부는 일자리를 잃었다. 그러나 자동차 생산과 서비스 분야에 새로운 일자리가 많이 만들어졌다. 새로운 기술이 만들어내는 변화에 적응하는 자만이 살아남았다. AI가 더 뛰어난 분야에서 일하는 사람에게 AI의 등장은 위기이지만, AI를 활용할 수 있거나 AI로 대체할 수 없는 일을 하는 사람들에게는 기회인 것이다.

2013년 옥스퍼드 대학교의 한 연구보고서에는 "미래의 컴퓨터화에 따라 미국 전체 고용의 약 47%가 굉장히 큰 실업 리스크에 직면해 있다."라고 했다. 《AI 슈퍼파워AI Super Powers》라는 책을 쓴 AI 전문가 리카이푸 박사는 미국 CBS 방송에서 방영된 〈60 Minutes〉 프로그램에서 '앞으로 15년 이내에 현재 직업의 40%가 AI로 대체될 것'이라고 했고, 미래학자 마틴 포드는 'AI 기술이 고용의 75%를 빼앗을 것이다'라는 위협적인 전망을 하기도 했다.

AI 기술을 활용하면 워드, 엑셀, 이미지 등으로 만들어진 고객의 다양한 주문서를 자동으로 접수·분류할 수 있다. 고객의 상황을 인지하고 기존 시스템에서 고객의 정보와 연계해 고객 질의 응대 및 상담도 할 수 있다. 직원 기준 30분 걸리는 운임 정보 등록을 챗봇을 이용해 7~8분 만에 해내는 사례도 있다.[5] 급여 확인 등 직원들의 문의에 대응하는 AI를 활용해 담당 직원이 단순 업무에서 벗어나 새로운 창의적인 일에 몰두할 수도 있다. AI가 인간보다 더 잘할 수 있는 일은 AI가 대신할 것이다.

반면에 글로벌 컨설팅 회사인 맥킨지는 디지털 기술 발전에 따른 자동화로 인해 2030년까지 4억~8억 명이 일자리를 잃을 것으로 예상하지만, 구조적 변화를 이해하고 잘 대응한다면 5억5,500만~8억 9,000만 개의 새로운 일자리를 창출할 수 있다고 전망했다. AI 기술 발달로 인해 4차 산업혁명이 본격화하면 직무 및 일자리 구조 변화가 일어나 전통적인 유형의 일자리는 감소하지만, 새로운 일자리를 창출할 가능성도 있다.

---

5   <"챗봇 없으면 일 못해"…주문 누락 오류까지 찾아낸다>, <매일경제>(2021. 6. 8.)

AI 기술의 발전 속도에 따라 차이가 있겠지만, 여전히 사람이 AI보다 더 잘하는 영역이 있다. 사람이 더 잘하는 분야에 전문화된 일자리와 직업군이 탄생할 것이다. 기존 소프트웨어 직업이 다양한 산업에 특화된 AI 전문가로 더 세분될 가능성이 있다. 향후 일자리는 다양한 산업과 AI 기술이 융합한 분야가 될 것이다.

AI 활용 수준에 따른 계급 사회

AI 기술이 발전하게 되면 AI 기술을 활용하는 수준에 의해 인간의 계급이 결정되는 사회가 될지 모른다.

AI로 대체할 수 없는 직종에 종사하는 사람으로 먼저 AI에 영향을 받지 않는 계급이 있다. AI를 개발할 줄 아는 계급, AI가 더 나은 성능을 발휘하도록 보조하는 역할을 하는 계급, 이 두 노동자 계급을 고용해 더 큰 부가가치를 생산할 수 있는 자본가 혹은 창의적인 경영자 계급은 AI 시대에서 일자리를 유지할 것이다. 그러나 AI 시대에 대응하지 못한 사람들은 AI와 관련된 계급이 만들어내는 잉여 가치를 기본소득으로 받아 근근이 인간의 존엄을 유지하는 하층 계급으로 전락할 것이다.

철학자들은 고대부터 노동의 의미에 대해 생각해왔다. 변증법적 사유로 서양철학을 체계적으로 완성한 철학자 헤겔은 노동을 '살아가는 중요한 수단이면서 목적'으로 정의했다. 공산당 선언으로 유명한

마르크스는 '자본주의가 발달하면서 노동하는 인간은 자본가에게 예속되어 존엄성을 상실한 소외된 존재가 된다'고 했다.

　두 철학자는 과연 AI가 인간의 노동을 대신하는 이 시대를 어떻게 볼까? AI를 포함한 디지털 기술은 소득의 양극화를 초래하며 자본주의는 더 심화할 것이다. 기술과 자본을 소유한 지배계급인 부르주아에게 노동력을 팔아 생존하는 피 지배계급인 프롤레타리아는 노동의 기회마저 잃을 것이다. AI에게 일자리를 뺏긴 인간은 살아가야 하는 이유와 목적을 빼앗기게 되는 것이다.

　AI 연구자인 레이 커즈와일은 《특이점이 온다》라는 책에서 "2045년에는 AI가 인간의 지성을 추월한다."라고 예측했다. AI가 인간의 지성을 추월하기 전에 미리미리 AI와 협력할 수 있는 준비가 되어야 한다.

3
채용 시장의 변화

가장 인기 있는 직업

시대에 따라 인기 있는 직업도 계속 변화한다. 시장의 수요가 많은 분야가 단연 인기가 높다. 과거에는 의사, 변호사가 가장 인기 있었지만, 4차 산업혁명으로 인해 직업의 선호도에도 변화가 일어나고 있다.

가장 인기 있는 직업은 돈을 많이 버는 직업이다. 취준생들은 연봉을 많이 받는 직업을 갖고 싶어 한다. 자신의 성향과 재능을 잘 발휘할 수 있는 직장보다 연봉이 높은 회사를 선택한다. 내 집 마련이 꿈 같은 일이 된 요즘 청년들의 세태를 나쁘게 볼 일은 아니다. 열심히 학습하고 노력한 결과가 연봉이 얼마인지에 따라 결정되는 것이니까.

한때 소프트웨어 개발자는 모두가 꺼리는 직업이었다. 소프트웨어 개발자는 어렵고Difficult, 더럽고Dirty, 위험하다Dangerous는 이른바 3D 직종이었다. 대학에서도 소프트웨어 학과는 가장 인기가 없는 학과였다. 제값을 주지 않는 소프트웨어 시장으로 인해 야근을 밥 먹듯이 하는데 보수는 좋지 않았기 때문이다. 그러나 AI 등 IT 기술이 가져온 혁신으로 인해 소프트웨어 개발자는 다른 직종에 비해 보수도 높고 성장의 기회가 많아 누구나 원하는 직업이 되고 있다.

그렇다면 소프트웨어 개발자는 얼마나 벌고 있을까? AI 개발자에 대한 대기업의 연봉 인상 등으로 중소 IT 기업·스타트업의 인력난이 가중되어 소프트웨어 개발자의 연봉 인상이 전체 시장으로 확산하고 있다. 최근 언론 기사를 보면 대기업뿐만 아니라 IT 중소기업도 대기업 수준으로 연봉을 인상하고 있다.

[소프트웨어 개발자 연봉][6]

올해 주요 게임·IT 업계 개발직 연봉 인상 현황 자료: 각 회사	
직방	연봉 2,000만 원 인상, 초봉 6,000만 원
크래프톤	연봉 2,000만 원 인상, 초봉 6,000만 원
넥슨·넷마블	전 직원 800만 원 인상, 초봉 5,000만 원
토스	경력 입사자 연봉 인상률 최대 50%, 1억 원 스톡옵션 지급

스타트업 대표·개발자들의 'IT 개발자 인력난' 말말말	
"도미노 연봉 인상 시작된 뒤 직원들 면담 요청이 늘었다. 면담하자고 할 때마다 노이로제 걸릴 것 같다."	A 스타트업 대표 (클라우드 관련)
"A급 개발자 확보가 핵심인데 그나마 있는 개발자도 나가는 상황이다. 개발자 구하기가 하늘의 별따기다."	B 스타트업 대표 (창업 5년 차)
"모든 서비스가 디지털화하면서 개발자 품귀 현상은 당연. 해외 개발자라도 데려올 수 있을까."	C 스타트업 소속 개발자

---

6   <개발자 초봉 6,000만 원, IT스타트업 '쩐의 전쟁'에 눈물>, <동아일보>(2021. 3. 1.)

현재 AI 기술이 적용되고 있는 분야는 상품과 서비스를 개인에게 맞춤형으로 제공하는 개인화 추천 분야(맞춤형 음악, 영화, 뉴스, 광고 등), 미래 예측 모델(고객 이탈, 광고 효과, 적정 재고 등), 음성 인식 및 자연어를 처리하는 분야(AI 스피커, 번역), 이미지 처리 분야(이미지 분류, 얼굴 인식, 사진 자동 설명, 손글씨 인식, 흑백사진 컬러 복원, 모자이크 픽셀 복원 등), 물류와 공장의 유통과 생산 공정의 최적화 분야 등이 있다.

기업들은 AI 기술 도입을 위해 현업에 바로 투입할 수 있는 실무형 기술 인력을 원한다. 회사 경쟁력과 직결된 이른바 'A급 개발자'의 경우 수요보다 공급이 턱없이 부족해 서로 양질의 인력 확보를 위한 경쟁이 치열하다. 업계 인사부서 담당자들에 의하면 소프트웨어 개발 경력이 있는 소프트웨어 개발자는 부르는 대로 연봉을 받을 수 있다는 얘기가 나올 정도다.

그러나 단순히 코딩만 할 수 있는 수준으로는 높은 연봉을 받을 수 없다. 산업 현장의 문제를 효과적으로 해결할 수 있는 수학적 지식과 산업 지식도 코딩 못지않게 중요하다. 코딩이 적성에 맞고 잘한다면 코딩을 배워 소프트웨어 개발자가 되는 것이 좋다. 그러나 코딩보다 다른 분야에 관심이 있는 사람은 어렵게 코딩을 배우기보다는 자신이 좋아하는 분야를 더 공부하고 노코딩으로 AI 기술을 활용하는 방법이 있다.

AI 기술 적용 프로세스별 직무

AI 기술을 적용하기 위해서는 ① 문제 정의 ② 데이터 수집 ③ 데이터 전처리 ④ 모델 선정 ⑤ 학습 ⑥ 테스트 ⑦ 성능 개선 순으로 프로세스별 필요한 지식과 기술 및 경험이 있어야 한다. 따라서 기업들은 AI 기술 적용 프로세스별로 담당하는 역할에 따라 여러 직무로 구분해 인력을 채용하고 있다.

데이터 사이언티스트: 수학, 통계, 확률과 같은 지식과 데이터를 활용해 새로운 부가가치를 생성할 수 있는 AI 모델을 만들 수 있는 사람이다. 주로 데이터를 활용해 연구 개발을 수행하기 때문에 R, Python 파이선과 같은 프로그래밍 언어를 다룰 수 있고, 데이터를 시각화하는 역량도 보유하고 있다. 데이터 사이언티스트는 AI 관련 학술지NeurIPS, ICML, ICLR, CVPR, EMNLP, ACL, AAAI, KDD 등에 등재할 수 있는 새로운 AI 모델을 연구개발 할 수 있는 수준의 전문가다. 현장에서는 새로운 AI 모델을 만드는 경우는 많지 않고 대부분 이미 개발된 AI 모델을 활용하는 경우가 많아 주로 대기업과 연구소에서 소수의 전문가만 채용하는 경우가 많다.

데이터 엔지니어: 데이터를 수집해 저장하고 데이터 전처리를 담당하는 사람이다. 데이터 전문 '백 엔드 개발자'라고도 한다. 데이터 관련 툴Hadoop, MySQL을 다룰 수 있는 능력이 필요하다.

데이터 애널리스트: 데이터 엔지니어가 공급한 데이터베이스에서 데이터를 추출, 가공, 분석하는 사람이다. 기업의 상품 개발, 생산 설비 투자 및 유지 보수, 마케팅 전략 수립 등 비즈니스 의사 결정에 활용할 수 있도록 데이터를 분석한다. 데이터를 쉽게 이해할 수 있도록 데이터를 분석한 결과를 시각화하는 능력을 갖추어야 한다. 데이터 애널리스트는 데이터 엔지니어, 머신 러닝 엔지니어, 경영진에게 데이터 분석과 관련해 요구사항 및 분석 결과를 전달해야 하므로 커뮤니케이션 능력도 필요하다.

머신 러닝 엔지니어: AI 기술을 적용하고자 하는 응용 분야에 맞는 AI 모델을 선정하거나 개발하고 학습용, 검증용, 테스트용 데이터를 활용해 최적화된 AI 모델을 개발한다. 성능을 개선하기 위해 AI 모델 학습과 테스트를 반복하는 일을 한다. 주로 비용의 절감이나 규모의 확대 등을 위한 자동화 관련 일을 수행한다. R, Python, SQL 등과 같은 프로그래밍 언어를 잘 다룰 수 있어야 한다.

소프트웨어 엔지니어: AI 모델을 실제로 활용해 웹 또는 앱의 형태로 서비스를 구현할 수 있는 사람이다. C, Java, Java Script, Swift 등과 같은 웹·앱 개발에 필요한 프로그래밍 언어를 잘 다룰 줄 알아야 한다.

AI 기술을 적극적으로 도입하려는 기업은 AI 관련 직무를 수행하는 사람들을 AI 팀으로 만들어 추진하는 경우가 많다. AI 팀은 회사

전체를 지원할 수 있는 AI 기술력을 확보하고, 여러 부서와 협력해 AI 프로젝트를 기획하고 실행하는 일을 한다. 또한 회사가 생산하고 있는 데이터의 표준을 수립하고 모든 부서와 협업할 수 있는 공통 플랫폼을 개발한다. AI 팀은 주로 데이터 사이언티스트, 데이터 애널리스트, 데이터 엔지니어, 머신 러닝 엔지니어, 소프트웨어 엔지니어로 구성된다.

그러나 대부분 기업은 직무별로 인력을 채용할 수 있는 여건이 되지 않기 때문에 데이터 애널리스트가 데이터 엔지니어 직무를 하기도 하고, 데이터 사이언티스트가 데이터 엔지니어 직무를 수행하는 예도 많다. AI 인력을 채용하기 어려운 여건에 있는 기업들은 내부 직원들이 AI 솔루션을 활용해 AI 기술 활용의 가능성을 먼저 파악하고, 외부의 전문 AI 기업을 활용할 필요가 있다. AI 기술 적용의 가능성이 검증되면 초기에는 외부 전문 AI 기업과 협력하고 내부에 AI 팀을 구축하는 것이다. AI 팀을 내부에 구축하는 것이 중장기적으로 특정 영역에 대한 전문성 유지가 가능하고, 내부 AI 팀을 활용한 차별화된 경쟁력 확보가 쉽다.

기업 내부에 AI 팀을 운영하고 있어도 AI 팀에서 사업 부서의 AI 기술 적용 수요가 많아 모든 수요에 대응이 어렵다. 따라서 AI 팀이 있는 기업의 사업 부서 직원들도 AI 솔루션을 학습하고 AI 팀의 도움을 받기 전에 먼저 AI 기술 적용 가능성을 검토해볼 수 있다. 코딩으로 AI 기술 적용 가능성을 검토하는 데는 시간과 비용이 많이 들기 때문에

AI 팀의 소프트웨어 개발자들도 AI 솔루션을 활용하여 먼저 가능성을 검토하고 이후에 코딩으로 AI 기술 적용을 시도하는 사례도 있다.

채용과 창업을 위한 두 가지 길

AI 시대에 좋은 기업에 채용되거나 창업하기 위해서는 인기 있는 컴퓨터 프로그래밍 언어를 배우는 방법과 AI 솔루션을 활용해 AI 기술을 적용하는 방법이 있다. 누구나 소프트웨어 개발자가 될 수 있는 것은 아니다. 컴퓨터를 전공하지 않은 사람들이 컴퓨터 프로그래밍 언어를 배우기는 쉽지 않다. 많은 사람이 컴퓨터 프로그래밍 언어를 배우려고 시도했다가 어려움이 생기면 포기하고 만다. 자신의 현재 역량과 상황을 고려해 컴퓨터 프로그래밍 언어를 배워 코딩할 것인지 이미 만들어진 AI 솔루션을 활용할 것인지 선택할 필요가 있다.

국내 기업들이 AI 인력을 채용하고 있는 정보를 보면 기업들이 어떤 역량을 갖춘 인력들을 원하는지 알 수 있다. 주요 IT기업들은 Java, Python, R 등과 같은 프로그래밍 언어 역량과 Tensorflow, Pytorch, MXNet, Cafffe 2, Matplot 등 오픈 소스 프레임 워크 기반 개발 역량을 요구하고 있다. 또한 머신 러닝과 딥 러닝 모델을 설계한 경험도 요구한다. 기존에 개발된 AI 모델에서 각 산업 분야에 맞는 AI 모델을 찾아 적용할 수 있는 능력도 요구한다. AI 기술 적용 프로세스별로 인력을 운영하는 기업은 AI 기술 적용 프로세스별로 지식과 기술 역량을 보유한 인력을 채용한다. 산업 분야에 따라서 컴퓨터 비전, 음성 처리, 자연어 처리, 예측 등 기술 분야에 대한 지식과 프로젝트 경험을 요구하기도 한다. 프로그래밍 개발 역량을 겨루는 Kaggel 프로젝트 경험이나 알고리즘 경진 대회IOI, ICPC, Code Sprint, Google Code Jam 등에서의 수상 경력 등은 취업에 도움이 된다.

AI 기술 적용 프로젝트에 드는 자원이 사람들이 생각하는 것과는 많은 차이가 있는 것으로 조사된 바 있다. 일반적으로 모델을 개발하는데 많은 자원이 투입될 것 같지만, 실제로는 데이터를 수집하고 전처리하는 과정과 AI 기술을 적용하기 위해 인프라를 구축하고 AI 기술을 서비스에 통합하는데 소요되는 자원이 예상보다 많다.

AI 모델을 개발하는 직무보다는 오히려 AI 기술 적용 프로세스에서 인력과 자원이 많이 투입되므로 채용 수요도 많다. 관심이 많고 역량이 있는 산업과 그 직무 분야의 전문성을 강화하고 AI 솔루션을 다룰 수 있다면 취업의 기회도 많다.

IT 분야 창업자 중에서도 코딩을 할 수 있는 소프트웨어 개발자가 많다. 초기 프로토타입을 만드는 소프트웨어 개발 비용을 자체적으로 해결할 수 있어 창업 자본이 없어도 쉽게 창업할 수 있기 때문이다. 그러나 반대로 코딩을 할 줄 모르는 창업자들도 많다. 창업에서 성공하기 위해서는 소프트웨어 개발자들을 조직화하고 투자 자금을 모으는 역량이 더 중요하기 때문이다. 다시 말하면 코딩을 할 줄 몰라도 창업

아이디어만으로도 AI 솔루션을 활용해서 AI 기술을 적용한 사업화를 모색할 수 있다. 결국 자신의 아이디어에 대한 강한 비전과 열정이 있다면 코딩을 할 줄 몰라도 AI 기술 기업 창업에 성공할 수 있다.

문과 출신에서 AI 개발자로 취업에 성공하다

문과 출신으로 비 IT 직무 업무를 하다가 AI 개발자로 취업한 두 청년을 만났다. 먼저 박경원 씨는 소비자학을 전공하고 홍보 업무 경력이 있고, 김형기 씨는 독일어와 국제 무역을 전공하고 해외 영업을 하다가 AI 개발자로 변신했다. 문과 출신이 AI 개발자로 취업에 성공한 이야기를 들어보자.

어떻게 문과 출신이 AI 개발자로 취업할 수 있었나?

4차 산업혁명 시대에서 살아남으려면 코딩 능력을 갖추어야 한다고 생각했다. 패스트 캠퍼스의 데이터 사이언스 교육을 5개월 수강했다. 그러나 교육 과정이 마지막에 접어들수록, AI 전문 분야로 취업하기가 쉽지만은 않게 느껴졌다. 짧은 기간 동안 데이터 분석, 머신 러닝, 딥 러닝 등과 같은 워낙 다양한 분야를 학습했고, 특히 딥 러닝의 경우 개념 이해 정도에 그쳤기 때문이었다. 그뿐만 아니라 딥 러닝으로 소형 프로젝트를 하려고 해도, 기본적으로 고가의 GPU가 들어가는 딥 러닝의 특성상 어려운 부분들이 많았다. 그러나 마지막 프로젝트 수업에서 코딩 없이, 오직 AI 솔루션을 활용해 AI 모델을 직접 고도화시키는 경험을 하면서, AI 개발자가 될 수 있다는 희망을 품게 됐다. AI 솔루션 덕분에 각종 라이브러리 사용법이나 코드 디버깅에 허덕이던 시간을 획기적으로 줄여 AI 원리 자체에 대한 학습에 집중할 수 있었다. 이는 곧 AI를 적용하는 직무를 전반적으로 이해하고 수행하는 데 큰 도움이 되었고, 관련 직군으로 취업을 하게 되었다.

취업해서 바로 AI 개발 업무를 수행했는가?

취업하자마자 약 2개월간 딥노이드사가 제공하는 AI 솔루션인 딥파이를 활용해 파일럿 프로젝트 수준의 의료 AI 모델을 6개 정도 개발하였다. 다양한 미션을 가진 의료 데이터로 데이터 정제, 라벨링, 모델 학습까지의 과정을 직접 거치면서 AI 솔루션인 딥파이의 세부적인 기능을 더 효과적으로 사용할 수 있게 되었다. 또한, 프로젝트를 진행하면서 AI 솔루션을 통해 직무에서 사용되는 AI에 대한 개념, 모델 구조, 전처리 기법들에 대해 폭넓게 이해할 수 있게 되었다.

입사한 지 1년이 채 되지 않았지만, 지금은 의사들이 AI 모델을 개발하는 것을 주도적으로 이끌어갈 수 있는 수준이 되었다. 짧은 교육을 받고서 AI 관련 업무를 진행할 수 있다는 것이 지금도 실감 나지 않는다.

전공지식 및 기존 직장의 경험이 도움이 되는가?

현재 업무에서는 홍보 및 해외 영업 업무 지식을 활용하고 있지 않다. 그러나 산업 현장에 대한 이해, 커뮤니케이션 노하우 등이 인정되어 바로 현장 업무에 투입되는 기회를 얻었다. 이후, AI 솔루션 활용 능력이 향상되고 코딩 실력도 뒷받침이 된다면 기존 전공과 관련된 분야에서 AI 전문가로 나아가는데 유리할 것으로 생각한다.

AI 솔루션 활용의 장단점은?

AI 솔루션을 이용하면 코딩을 몰라도 AI 기술을 산업 현장에 빠르게 적용해볼 수 있다. 그러나 AI 솔루션은 정형화된 모듈을 제공하기 때문에 산업 현장의 다양한 수요에 대응할 수 없는 단점이 있다. 어느 시점에는 코딩을 추가로 공부하거나 코딩 능력이 있는 외부 전문가와 협력해야 한다.

문과 출신들에게 해주고 싶은 조언?

문과 출신의 비전공자가 단시간에 전문 개발자를 따라잡기 힘들다는 것은 분명하다. 그러나 아주 숙련된 개발자가 아니더라도 AI 기술을 활용할 수 있다는 생각의 전환이 필요하다. AI 모델을 만드는 데 필요한 것은 코딩 실력만이 아니다. 해당 AI 기술이 활용될 산업 환경에 대한 이해, 관련 데이터에 대한 이해가 전제되어야 한다. AI 시대에 문과 출신들이 해야 할 역할도 있다는 것이다. 산업과 관련된 도메인 지식이 탄탄하다면, 개발자보다 더 확장적인 사고로 획기적인 AI 기술을 도입해낼 수 있다. 코딩이 어렵다면, AI 솔루션을 이용해 AI에 대한 허들을 낮추고, AI에 대한 전반적인 이해를 높여서 개발자와 직접 소통할 수 있는 역량을 기르자. 그리고 항상 개발자가 당연하다고 생각해 놓치는 부분들에 대해 유의 깊게 살펴보자, 우리의 차별점은 그곳에 있다고 생각한다.

AI 개발자로서의 비전은?

학원에 다닐 땐 '코딩은 역시 아닌가'라는 생각을 무수히 많이 했다. 하지만 AI 솔루션을 활용하면서 AI 모델 개발에 필요한 수준의 코딩 역량이 어느 정도인지 가늠할 수 있게 되었다. 요즘은 AI 솔루션으로 개발한 모델을 코딩으로 구현하면서 모자란 부분들을 채워가고 있다. 이제 방향은 어느 정도 잡혔으니, 지치지 않고 마케팅 및 자율 주행차 분야의 AI 전문가로 성장하는 비전을 가지고 있다.

4
CEO의 경쟁력

CEO의 역할 변화

모든 직장인의 꿈은 CEO다. 신입사원으로 입사해서 대리, 과장, 부장 관리자를 거쳐 CEO가 되는 사람은 하늘이 내린다는 말이 있다. 그만큼 소수의 핵심 인재 중에서도 행운이 따르는 자가 CEO가 된다. CEO가 되면 부와 명예를 한꺼번에 거머쥘 수 있다. 그러나 여간한 인내력을 가지지 않고서는 큰 기업의 CEO가 되기까지 기다리기 어렵다. 그래서 대부분 직장인은 재직 중에라도 창업할 수 있는 기회를 찾는다.

AI 기술로 인한 산업 환경의 변화는 CEO가 되고자 하는 사람들에게는 기회다. 회사 내에서 CEO로 성장하기 위해서는 물론 창업하기에도 좋은 기회다. 이미 CEO가 된 사람도 회사의 지속 가능한 성장을 위해서는 반드시 AI 기술을 알아야 한다.

AI 시대의 CEO는 기존의 산업화 시대와 다른 어떤 경쟁력을 가져야 할까? 새로운 변화가 요구하는 CEO의 역량을 준비하는 자만이 CEO로서 성공할 수 있다. AI 기술로 변동성이 커진 사업 환경에서 CEO의 역량과 역할은 더 중요해지고 있다.

CEO의 말 한마디에 주가가 급락하는 시대다. 테슬라의 CEO인 일론 머스크가 비트코인으로 자동차 결제를 할 수 있다고 했다가 이를 중단한다며 말을 뒤집은 적이 있다. 암호 화폐 시장을 뒤흔든 CEO의 발언으로 테슬라의 주가는 4일 만에 약 15%나 하락했다.[7] 이는 CEO의 역량이 얼마나 시장에 영향을 미치는지 잘 대변하는 일이었다.

CEO란 최고위직 임원으로서 기업 내 이루어지는 모든 활동에 실질적·최종적 의사 결정권을 갖고, 그 책임을 지는 사람이다. 산업이 안정적일 때는 위기가 있더라도 시장 예측을 통해 준비하고 대응할 수 있다. 산업화 시대에서는 혁신에 대처하는 전략적 의사 결정 능력보다는 밀어붙이기식으로 매출을 확대하고, 정치적 협상이나 타협으로 현상을 유지하기만 해도 CEO 직무를 잘 해낼 수 있었다.

---

7   <머스크 '결제중단' 이후…가상화폐 시총 415조 증발>, <국민일보>(2021. 5. 14.)

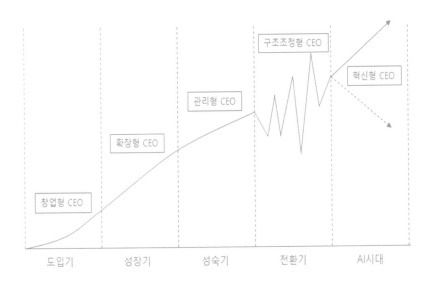

산업의 성장과 함께 CEO의 역할도 변해왔다. 산업화 초기에는 위험에 과감하게 도전하는 유형의 창업가들이 주도했다. 성장기에는 외부 투자금을 확보해 생산 설비 확충, 인력 확대를 통해 매출을 높이는 확장형 CEO였다면 매출이 정체되는 성숙기에는 생산 및 마케팅 비용의 효율적 관리를 추진하는 관리형 CEO가 필요했다.

그러나 지금은 모든 산업에 디지털 기술이 융합되어 변혁이 일어나고 있는 전환기의 시대다. 시장 환경이 급격하게 변화하고 있을 때 그 변화에 올라타지 못하면 생존마저 위태롭게 된다. 디지털 기술의

---

8   <미래 CEO의 조건: 창조적 리더십>, (한창수 외, 삼성경제연구소) 수정인용

발전 속도는 가히 엄청나다. 서두르지 않으면 변화의 기회를 놓칠지 모른다. AI 시대에는 새로운 변화를 기회로 이용할 수 있는 전략적 안목과 의사 결정 능력이 CEO의 핵심 역량이다.

투자 의사 결정의 핵심, CEO의 혁신 역량

글로벌 기업의 경우 IT 기술 주도의 혁신이 빨라지면서 IT 기술을 이해하는 전략형 CEO가 많다. 전통 산업의 글로벌 기업들도 외부의 능력 있는 CEO를 영입하거나 장기적인 플랜으로 내부 인력을 육성해 환경 변화에 대응하고 있다. 성과와 평가를 연동해 능력에 따라 CEO 에게 높은 연봉과 주식 등을 활용한 인센티브를 제공하고 장기 재임을 보장해 이러한 AI 기술 변화에 적극적으로 대응하도록 하고 있다.

과학기술정보통신부에서 전국 10인 이상 기업체(22만 곳)의 AI 기술 이용률을 조사한 바 있는데, 2.5%만 AI 기술을 이용한 적이 있 는 것으로 조사되었다. 그것도 대부분 대기업이었다. 국내 기업들은 CEO가 AI 시대를 주도할 역량이 부족해 AI 기술 적용이 더디다.

기술 혁신에 의한 급격한 사업 환경의 변화가 있을 때는 CEO의 가치가 기업의 가치를 결정하게 된다. AI 시대에 필요한 역량을 갖 춘 인재를 내부적으로 양성하거나 외부에서 영입해서 적극적으로 대 응하지 않고서는 AI 시대에서 살아남기 어렵다. CEO 개인에 의존해서 급격한 사업 환경 변화에 대응하는 데는 한계가 있다. 기술CTO: Chief Technology Officer, 자금CFO:Chief Financing Officer, 마케팅CMO:Chief Marketing Officer 부문별 전문가를 경영진에 포함해 각 분야별 전문성을 활용해 위기를 기회로 전환하여야 한다.

직원들이 AI 도입에 적극적으로 나서지 않을 수 있다. AI 도입으로 자신의 일자리를 잃을까 봐 걱정할 수도 있기 때문이다. 또는 AI 기술 도입으로 업무 부담이 늘어나고 새로운 기술 학습도 해야 한다. 결국 CEO가 AI 도입을 통해 어떻게 경영 혁신을 추진할 것인지 적극적으로 조직원과 공유하고 참여를 끌어내야 한다. 전 임직원이 모두 적극적으로 임해야만 AI 도입이 성공할 수 있다.

AI 기술 적용의 승패는 문제를 발견하는 데서 출발한다. 아무리 우수한 알고리즘이라고 하더라도 문제 정의에서 실패하면 사업에서 성과를 창출하기 어렵다. 회사 내에서 직원들이 연구개발, 생산, 마케팅, 유지보수 등 비즈니스 프로세스에서 어떤 문제점이 있는지 적극적으로 공개하지 않으면 AI 기술 적용은 실패한다.

AI 기술을 도입하는 기업은 AI에 관한 내부 역량을 갖춰야 한다. 단순히 AI 솔루션 공급 기업의 역량만으로는 AI 프로젝트가 성공하기 어려운 것으로 밝혀지고 있기 때문이다. 글로벌 리서치 기업인 IDC가 2019년에 분석한 바에 의하면 AI 기술 도입 기업 중 92%가 실패를 경험했으며, 그 원인은 AI 기술을 적용한 기업의 내부 역량 부족이었다.

글로벌 리서치 기업인 MIT&BCG는 재직자 교육을 통해 내부적으로 AI 인력을 양성한 기업 59%가 성과를 냈지만, 그렇지 않은 기업들은 19%의 성과에 그친 것으로 밝혔다.

직원들이 자신의 일자리를 위협할지도 모르는 AI 기술 도입을 좋아할 리는 없으므로 AI 도입은 탑다운 방식으로 추진해야 한다. 결국 AI 시대에서 요구하는 CEO란 기업의 비즈니스 상황을 파악하고, AI 도입으로 새로운 비즈니스를 창출하는 능력이 필요하다. 결국 CEO는 산업 분야에서 AI 기술을 적용한 사례를 학습하고, AI 기술을 적용하는 데 어떤 걸림돌이 있는지, 그리고 어떤 가능성이 있는지 살펴야 한다. 직원들이 내는 AI 기술 적용 아이디어가 있다면 신속한 의사 결정으로 AI 도입 추진에 활용해야 한다.

AI로 인한 혁신은 이제 시작 단계이다. AI는 5G, 6G 통신 및 로봇 기술과 융합해 우리 일상으로 들어오고 있다. 새로운 창업의 기회도 많다. 공장의 생산 효율화, 마케팅을 통한 고객 창출과 우리 일상의 삶을 바꿀 수 있다. AI를 활용해 부가가치를 창출할 수 있다면 누구나 CEO가 될 수 있다.

그런 면에서 최근 창업하는 기업 대부분이 AI를 활용한다는 점은 주목할 만하다. 소프트웨어 개발 능력이 있다면 AI를 활용한 창업은 더 유리하지만, 반드시 필요한 것은 아니다. 오히려 AI에 대한 이해를 기반으로 새로운 사업 기회를 발견하고 비전을 만드는 역량이 더 중요하다. 즉 코딩이 가능한 사람과 소통할 수 있는 정도라면 가능하다.

다시 말하면 직접적인 코딩 능력 보다는 AI를 활용해 만들어낼 새로운 부가가치를 사업적인 비전으로 제시할 수 있어야 한다. 자금 확보와 AI 기술 인력을 조직화하고 비전을 달성하기 위한 도전과 문제 해결 능력이 더 중요한 것이다. CEO를 꿈꾸는 사람들은 AI 솔루션을 활용해서 AI 시대의 가능성을 기회로 활용할 필요가 있다.

AI 기술 기업 창업으로 성공한 문과 출신

AI를 활용한 에듀테크 스타트업인 뤼이드의 장영준 대표는 개발자 출신이 아니다. 미국 UC 버클리 대학의 하스스쿨을 졸업한 경영학도다. 그는 실리콘밸리에서 웹툰 공급 플랫폼을 운영하는 타파스미디어를 공동 창업해 사회생활을 시작했다. 그리고 대학 시절 알게 된 AI 기술의 가능성에 대해 확신을 하고 한국으로 귀국해 뤼이드를 창업했다. AI를 적용해 영어 학습을 돕는 서비스로 출발한 뤼이드는 모든 교육 서비스에 딥 러닝 기반의 AI 기술을 공급하는 기업으로 성장하고 있다.

그는 경영학을 전공했지만, 컴퓨터 공학 박사나 엔지니어들과 친하게 지냈다. 그 덕분에 AI가 대중에게 알려지기 전부터 학교 친구들로부터 머신 러닝을 알게 되었고, AI 기술과 교육을 연계하는 사업에 대한 아이디어를 얻었다. 그가 창업한 뤼이드는 학생의 현재 실력을 진단하고 점수를 예측해 목표 점수를 달성할 수 있도록 최적의 교육 콘텐츠를 추천하는 서비스다. 뤼이드는 'AI 에듀'관련 특허를 100개 가량 출원했고, 그중 28개가 해외시장에 등록됐다. 해외 매출 비중은 약 90%로, 뤼이드는 글로벌 기업으로 도약을 준비하고 있다.

장영준 대표는 코딩을 할 줄 모르지만 산업의 트랜드를 읽고 교육 사업의 가능성을 보았다. 그는 인터넷이 모든 산업을 정복하고 모바일로 넘어왔을 때, 유일하게 장악하지 못했던 산업이 의학과 교육이라고 봤다. 한 산업 전체를 장악하기 위해선 혁신 패러다임이 아직 장악하지 못한 산업 분야에 새로운 기술 패러다임을 적용해야 한다고 생각했다. 그리고 의학보다 교육이 훨씬 더 큰 산업이라고 생각한 그는 교육산업 분야에 AI를 적용해 창업했다.

AI 개발 역량이 없던 그는 AI 기술에 관한 논문이나 책의 저자를 찾아가 도움을 요청했다. 그의 비즈니스 아이디어에 AI 기술을 적용해줄 다양한 AI 인재를 모으는 일에 집중했다. 비전에 대한 확신과 열정이 없으면 창업 초기부터 AI 인재를 채용하는 것은 어렵다. 그러나 그는 투자금 대부분을 인재를 모으는데 투자했다. 지식은 학습하면 알 수 있지만, 원하는 것을 이루기 위해 다른 사람의 협조를 끌어내기는 어렵다. 그는 끈질긴 노력으로 AI 전문가들이 뤼이드에 합류해 AI 기술 기업으로 성장할 수 있는 기반을 확보했다.

뤼이드가 AI 기업으로 성공할 수 있었던 핵심 요인은 확실한 비전으로 AI 전문가를 영입한 것에 있다. 삼고초려해 모은 AI 인재들이 그 연구 결과를 국제적인 학술지에 게재해 AI 기술력을 입증하면서 연구 개발 및 성장을 위한 투자 자금을 확보했다. 국내 서비스 분야 창업은 대부분 국내 고객의 요구에 맞춘 서비스 기획 때문에 글로벌 시장 진출에 어려움이 있다. 그러나 뤼이드는 탄탄한 AI 기술력으로 미국, 브라질, 콜롬비아 등 해외 B2B 시장에서 로컬 시장 1위 교육 기업들과 계약을 체결했다. 뤼이드가 개발한 AI 엔진을 제공하는 협업 모델이기 때문에 글로벌 시장 진출의 가능성을 입증했다.

교육서비스 기업이 아니라 AI 기술기업으로 성장하고 있는 뤼이드는 최근 손정의 회장이 운영하는 비전펀드로부터 2,000억 원의 투자 유치에 성공했다. 투자받은 돈을 AI 개발자, 인재를 뽑는 데 쓸 계획이라는 장 대표는 코딩 능력이 없는 사람도 AI 시대의 CEO로 성장할 수 있다는 것을 보여주고 있다. 그는 AI 시대 혁신을 주도하는 CEO로서 100조 원 대 글로벌 기업으로 성장하는 꿈을 꾸고 있다.

5

초 거대 AI로 진화하는 AI

인간처럼 창작하는 AI

최근 AI는 정해진 특정 작업을 수행하도록 프로그래밍 된 '전문가 AI_{Narrow AI, 특정 업무를 수행하는 AI}'부터 다양한 업무 수행이 가능하고 인간과 흡사한 추론과 판단을 하는 '범용 AI_{AGI, Artificial General Intelligence}'로 진화하고 있다.

이미지넷 챌린지(2010년~)와 알렉스넷(2012년)에서 딥 러닝 알고리즘이 소개되고, GAN_{Generative Adversarial Network, 진짜 같은 데이터를 생성하려는 생성 모델과 진짜와 가짜를 판별하려는 분류 모델이 서로 적대적으로 학습해 진짜와 가짜의 구별이 어려운 데이터를 만들 수 있는 기술}의 등장(2014년)으로 딥 러닝을 통한 학습이 쉬워지면서 AI 성능이 비약적으로 발전하였다.

구글이 2017년 트랜스포머 알고리즘을 공개한 이후 자연어 처리 분야에서도 혁신이 일어나고 있다. 구글의 BERTBidirectional Encoder Representations from Transformers, 일론 머스크가 설립한 openAI 사의 NLPNatural Language Processing 모델인 GPTGenerative Pre-training Transformer 등이 핵심이다. 특히 openAI 사가 개발한 GPT-3는 기존 어떤 모델보다도 인간의 언어 구조를 잘 이해하고 자연어 추론 성능이 우수하다. GPT-3는 기존에 공개된 마이크로소프트의 언어 모델보다 10배 이상 큰 1,750억 개의 매개 변수를 가진 초 대규모 모델이며, 범용 AI 모델로 진화하고 있다.

사람의 뇌에 있는 1,000억 개의 뉴런이 연결되어 처리할 수 있는 10조 개~100조 개에는 비할 수 없지만, 2000년 상반기까지 100억 개 내외였던 자연어 처리 시스템은 GPT-3에 이르러 1,750억 개의 매개 변수를 가지게 되었다. 2030년쯤에는 매개 변수 100조 개에 달하는 GPT-4를 공개할 예정이라고 한다. 발전 속도가 빨라 인간의 처리 능력 수준이 될 날도 멀지 않은 것 같다. 구글은 최대 1조 6,000억 개에 달하는 초거대 AI '스위치 트랜스포머Switch Transformer'를 공개했고[9], 중국 정부의 지원을 받는 연구소인 BAAIThe Beijing Academy of Artificial Intelligence는 매개 변수가 1조 7,500억 개에 달하는 '우다오WuDao 2.0'을 공개했다.[10]

---

9   <대기업들이 뛰어드는 '초거대 AI'는 무엇> <매일경제>(2021.07.08.)
10   <중국 AI 아카데미, GPT-3 10배 넘는 1조7500억 개 매개 변수 초거대 AI 언어 모델 '우다오2.0' 개발> <AITIMES>(2021.06.08.)

openAI 사의 GPT는 자연어 처리의 병렬화를 통해 약 5천억 단어인 대규모 데이터 셋을 학습한다. 대화 맥락을 파악해 가장 적합한 단어를 이어가는 방식으로 훈련한다. 언어 예측 모델로 하나의 언어를 입력하면 이를 사용자에게 가장 유용한 다음 언어로 변환하도록 설계된 알고리즘 구조다. 문장과 같은 언어 구조를 만드는 방법을 배우기 위해 의미 분석을 사용해 맥락에 따른 단어의 의미 차이를 학습한다. 지도 학습의 경우처럼 True/False[11]라는 정보를 포함하지 않고 단어와 문장의 사용법을 학습하고, 그것을 분해해 스스로 재구성하는 비지도 학습을 사용하는 것이다.

GPT-3는 인간의 두뇌와 같은 수준에서 작업을 수행하고 음성을 듣고 이해하며 복잡한 사고와 판단을 수행할 수 있는 지적 능력을 갖추고 있다. openAI 사가 구축한 텍스트와 위키 백과 등 인터넷을 탐색해 수집한 570GB의 텍스트 정보를 학습한다. 그래서 긴 텍스트의 요약문을 만들거나 에세이, 시를 쓰는 등의 과제 수행이 가능하고, 질문에 대해서도 정확하고 관련도가 높은 응답을 수행할 수 있다. 추론 서비스 API로 자연어를 프로그래밍 언어로 변경해 스스로 코딩하고, 시나리오를 제작하는 등 창작 영역에서도 성능을 발휘하고 있다.

openAI 사는 GPT-3을 활용해 텍스트 문장으로 설명하면 그림을

---

11   지도 학습(Supervised Learning)은 사람이 정답(True)을 알 수 있는 데이터를 AI가 학습하도록 해서 데이터를 분류하거나 데이터의 추이를 예측하는 회귀분석에 이용된다.

그려주는 AI 화가 DALL-E를 공개하며 창작과 예술의 영역에서의 가능성을 확인하고 있다.[12] 텍스트와 맥락 정보만 입력하면 컴퓨터가 스스로 코딩을 해서 디자인과 설계를 한다. 코딩을 할 줄 몰라도 디자인적 영감을 얻기 위한 보조적 도구로 활용이 가능할 것으로 전망하고 있다.

자연어 처리 모델은 문법 교정, 번역, 게임·영화 스토리 생성, 검색 엔진 성능 개선, 개인 비서 등 다양한 애플리케이션 개발을 촉진할 것으로 기대된다. IoT, 가전, 스마트 기기 등과 결합해 혁신적인 서비스 출시가 가능해지고, 음성 기술, 추론 능력의 향상으로 서비스 고도화도 가능할 것이다. 특히 챗봇의 기능을 더욱 강화하고 음성 AI 기술, 감정 분석 기술과 결합해 챗봇이 일상생활에서 사용될 수 있을 것으로 예상된다.

국내 IT 대기업들도 '초 거대 AIhyperscale AI'개발에 나섰다. 네이버가 국내 최초의 초 거대 AI 모델인 '하이퍼 클로바Hyper CLOVA'를 공개했다.[13] AI의 매개 변수 수가 GPT-3보다 많은 2,040억 개라고 한다. 하이퍼 클로바의 자연어 데이터 학습량은 GPT-3의 6,500배 이상이고, 학습량의 97%가 한국어다. 우리 언어로 된 다양한 서비스를 개발할 수 있는 기반이 마련된 셈이다. LG그룹도 6,000억 개의 매개 변수를

---

12   <오픈AI, 앤드류 응도 놀란 DALL·E 공개, GPT-3 원리로 획기적인 이미지 제작 혁신>
      <AITIMES>(2021.01.07.)

13   <네이버, 국내 최초 '초거대 AI' 공개…"차세대 AI 주도권 잡겠다"> <비즈조선>(2021.05.25.)

가진 초 거대 AI를 공개할 예정이며, KT와 SKT, 카카오 등도 초 거대
AI 확보를 서두르고 있다. [14]

AI 기술의 한계를 극복할 초 거대 AI

AI 기술은 학습한 데이터에 의해 확률적으로 대화를 하므로 아직
대화의 문맥을 이해하지 못해 인간처럼 자연스러운 대화를 하지는 못
한다. 학습한 데이터를 사전에 정제하고 필터링해 문제를 최소화할
수는 있지만, 상용화하는 데 어려움이 있다.

또한 자연어 처리 모델의 발전에 따라 AI 기술이 잠재적으로 악용
될 가능성도 증가하고 있다. GPT-3 등 범용 AI 모델이 인간이 생성한
것과 구별하기 어려운 정교한 텍스트를 생성하게 되면서 유용성과 함
께 윤리적 문제가 발생한다. 잘못된 정보를 생성하고 전파하는 가짜
뉴스, 스팸, 피싱, 논문 복제 등 오용과 남용에 대한 우려가 그것이다.

GPT-3 모델만 해도 388개의 직업 중 83%에 대해 남성에 관련한
어휘를 선택하거나 흑인에 대해 부정적 감성을 보인다. '폭력적', '테러'
등의 단어는 이슬람교와 연관해 생성하기도 했다. 따라서 AI의 사전
학습에서 성별, 인종, 종교 등에 따라 편향성을 보이는 문제를 해결해

---

14   <인간보다 똑똑하다...메타버스 시대 초거대 AI 부상> <전자신문>(2021.09.16.)

야 한다. 방대한 양의 텍스트를 학습하기 위해 상당한 규모의 컴퓨팅 리소스와 에너지를 소비하는 것도 문제이다.

　　다수의 기업이 초 거대 AI를 구축해 연구 개발에 대규모 투자를 하고 있고, AI의 판단을 사람이 이해 가능한 형태로 설명하는 설명 가능한 AIeXplainable AI 기술과 적대적 공격에 대한 방어 기술이 개발되면서 곧 윤리적 문제의 해결 방안을 찾게 될 것이다. 초 거대 AI가 구현되면 사람이 하던 많은 일을 AI가 할 것인데, 사람이 무시무시한 학습 능력을 가진 초 거대 AI와 경쟁해서는 승산이 없다. 초거대 AI와 협력해 어떤 부가가치를 창출할 것인지 모색해야 할 때다.

## 6

AI가 만든 또 다른 세상, 메타버스

메타버스 플랫폼의 등장

닐 스티븐슨Neal Stephenson의 소설 《스노 크래시》에서 가상 세계인 '메타버스Metaverse'가 등장했다. 메타버스는 가상을 뜻하는 '메타'와 세계를 의미하는 '유니버스'를 합성한 신조어로 AI와 차세대 고속 통신망, 가상현실VR, 증강현실AR 등 4차 산업혁명 기술을 기반으로 구현한 3차원 가상현실이다. 스티븐 스필버그의 SF 영화 〈레디 플레이어 원〉은 2045년을 배경으로 〈오아시스〉라는 가상 게임이 세상을 지배하는 영화로 메타버스가 실현된 모습을 그리고 있다.

블록체인 기술을 이용한 NFTNon Fungible Token, 대체 불가 토큰 기술을 활용해 가상 공간에서 경제 활동이 가능해지면서 메타버스 공간이 가상과 현실의 상호작용으로 새로운 혁신을 가능하게 할 기술로 주목받고 있다. NFT 기술은 현실 세계 상품의 구매자 정보를 블록체인으로 암호화해 디지털 자산으로 바꿔준다.

영국 화가 뱅크시의 감정가 1억 원짜리 그림 〈멍청이Morons〉를 블록체인 기업 인젝티브 프로토콜이 불태우고 실물 그림을 디지털로 재현한 뒤 스마트 계약서에 고유 번호를 입력해 누구도 모방할 수 없는 디지털 미술품으로 만들었다.[15] 이 디지털 작품은 4억 3000만원에 팔렸다고 한다. 디지털 작품이 실물 작품의 가치보다 높아진 사례다.

이탈리아 명품 브랜드인 구찌가 디지털 전용 백을 메타버스 플랫폼인 '로블록스'에서 약 1.2~9 달러에 한정 판매했는데, 그 백을 산 구매자들이 로블록스 앱 스토어 내에서 재판매하면서 가격이 급등해 약 4,115달러(약 465만 원)에 거래된 사례가 발생했다.[16] 이 디지털 백의 가격은 구찌의 실제 디오니소스 가방(약 3,400 달러) 보다 더 비싼 값이다. 만져볼 수도 없는 가상 세계의 디지털 백 가격이 현실 세계의 백보다 더 높아졌다. 명품 백 소비는 백의 기능과 성능을 소비하는 것이 아니라 이미지를 소비하는 것이니 가상 공간에서도 명품 백의 이미지는 그 가치를 발휘한 것이다.

코로나19로 인해 현실 세계에서는 사람을 만나기 어려운데, 가상

---

15   〈NFT 시대, 그들은 왜 1억짜리 그림을 불태웠나?〉 〈머니투데이〉 (2021.08.13.)
16   〈만질 수도 멜 수도 없는 구찌 가방이 465만원…이게 뭔일〉 〈중앙경제〉 (2021.06.18.)

세계에는 전염병 걱정 없이 소통하고 교류할 수 있다. 약 2억 명에 달하는 레고 캐릭터들이 메타버스 공간에서 게임을 하고 사회 활동을 하는 로블록스 서비스를 하루 약 3시간 정도 이용하고 있다고 하니, 오히려 가상 세계에서 명품 백을 자랑할 기회가 많다. 디지털 명품 백의 가치가 현실 세계의 백보다 더 높은 가격에 거래되는 것도 이해가 된다.

메타버스 시대를 실현할 AI 기술

현실 세계의 정보를 메타버스 공간으로 옮기면 AI를 통해 그것을 인식하고 현실에서 실행하기 어려운 작업이나 교육·훈련을 제공하는 등 현실과 가상이 상호 작용해 현실의 다양한 문제를 해결할 수 있다. 군사 훈련 같이 위험한 훈련은 메타버스에서 시행함으로써 기계 장비의 오류나 사람의 실수로 인한 위험을 벗어나 군사 훈련의 목적을 달성할 수 있다.

분당 서울대 병원은 메타버스 공간에서 폐암 수술 교육을 진행했다.[17] 교육 참가자들은 물리적인 공간에서 진행하는 교육보다 수술실에서 벌어지는 다양한 상황을 볼 수 있어 교육에 더 효과적이었다는 반응을 보였다. 공간의 제약으로 참여할 수 있는 인원이 제한되는 현

---

17   <"의료현장에 도입된 '메타버스'…가상환경에서 수술 교육"> <청년의사>(2021.05.31.)

실 공간에 비해 메타버스 공간은 더 많은 인원이 참여해 더 다양한 행사를 진행할 수 있는 장점도 있다.

시각과 청각뿐만 아니라 촉각, 후각, 미각을 메타버스 공간에서 구현하기 위한 '리얼 메타버스Real Metaverse'연구도 활발히 진행되고 있다. 스마트 안경을 쓰고 얻은 영상을 전기 신호로 바꿔 뇌로 전달하는 임상 연구를 통해 빛을 보지 못했던 시각 장애인이 종이에 쓰인 글자의 윤곽을 식별할 정도로 시력을 회복한 사례도 있다.

메타버스가 활성화되면 현실의 정치, 경제, 사회, 문화 활동 등을 가상의 세계에서 하게 될 것이다. 그렇게 되면 우리와 똑같은 아바타가 메타버스 공간에서 우리를 대신해 살아간다. 메타버스에서는 아바타가 빅 데이터를 만들게 된다. 현실에서 빅 데이터를 구할 필요 없이 메타버스에서 컴퓨터 알고리즘이 빅 데이터를 만들어준다. 메타버스에서 수집된 데이터는 AI를 통해 현실 세계를 혁신하는 데 활용될 것이다.

엔터테인먼트 중심으로 시작된 메타버스에 대한 관심은 제조업이나 서비스 산업의 혁신뿐만 아니라 정치, 경제, 사회, 문화 등 전 분야로 확산되고 있다. 자연어 기반 AI 기술이 발전하며 인간이 컴퓨터와 일상 언어로 소통할 수 있게 된다. 곧 코딩을 하지 않고도 컴퓨터와 소통이 가능한 시대가 실현되는 것이다.

노코딩 AI

서둘러야 할 AI 공부

상상이 현실이 될 AI 기술

AI 기술은 과거 몇 차례 폭발적인 관심을 받았지만, 산업에서 널리 활용되지 못하고 이내 관심이 식어버렸다. 그러나 2000년대 후반부터 통신 기술과 컴퓨팅 기술이 발전해 AI 기술을 쉽게 적용할 수 있게 되면서 과학자들의 상상이 현실이 될 가능성도 커지고 있다.

머신 러닝, 딥 러닝으로 알려진 AI는 사람처럼 생각하고 행동할 수 있다. 사람처럼 물체와 소리를 인식하고 이해한 뒤 추론을 통해 논리적 증명도 할 수 있어 사람의 질문에 대답할 수도 있다. 사람은 생각하고 소통하면서 문명을 발전시켜 왔다. 컴퓨터도 생각하고 소통할 수 있는 기술과 성능이 혁신적으로 발전했다. AI가 새로운 문명을 만들 수 있는 시대가 온 것이다. AI는 전문가로부터 일반인의 일상 속으로 이미 들어왔다. AI 시대의 문턱을 넘은 것이다.

사람은 자동으로 움직이는 정교한 기계 장치와 계산 기계를 개발하기 위해 노력해왔다. 사람을 닮은 기계를 만드는 것은 인간의 오래된 열망이기도 했다. '로봇Robots'이란 단어는 체코의 극작가 카렐 챠페크의 희곡 로숨의 유니버설 로봇Rossum's Universal Robots에 처음 등장한 단어인데, 그리스 신화에도 불과 기술의 신 헤파이스토스의 조수 로봇으로 크레타 섬을 지키는 청동 거인 탈로스가 나온다.

AI 개념은 영국의 수학자 앨런 튜링Alan M. Turing이 1950년에 발표한 논문 중 '튜링 테스트'를 제안하면서 나왔다. 질문자가 자신의 질문에 대답하는 것이 기계컴퓨터인지 사람인지 구분을 하지 못하면 그 기계는 지능이 있다고 간주하자는 테스트다. 그의 논문 발표 이후 AI 연구를 활성화하는 계기가 되었다.

'AI'란 용어도 1956년 미국 다트머스 대학교에서 마빈 민스키, 클로드 섀넌과 그의 동료들이 인간의 지적 기능을 모방한 기계의 연구인 'AI 여름 연구 프로젝트Summer Research Project on Artificial Intelligence'에서 처음으로 등장했다.

인류의 발전은 생각하는 힘 때문이다. 사람의 생각을 대신하는 기계인 컴퓨터computer는 '함께com'와 '생각하다putus'의 합성어로, '계산한다'는 뜻의 라틴어 '콤푸타레computare'에서 유래했다. 1946년 최초의 프로그래밍이 가능한 범용 컴퓨터인 애니악ENIAC이 미국에서 개발되고, 1970년대 말부터 개인용 컴퓨터가 보급되기 시작하며 더불어 AI 기술도 발전하게 되었다.

AI 기술의 두 가지 패러다임

합리론에 철학적 기반을 둔 기호주의와 경험론에 철학적 기반을 둔 연결주의 패러다임이 있다. 기호주의는 사람이 경험하지 않더라도 이성에 의해 추론하는 방법을 사용하는 반면 연결주의는 실제적인 경험으로 추론하는 방법을 사용했다. 양대 패러다임은 각자의 방법으로 AI 기술 발전에 기여했다.

사람은 외부의 정보를 인식하고 처리해서 행동한다. '인식→이해→기억→추론 및 예측→행동'의 프로세스를 통한다. 인간의 사고능력을 기계가 수행할 수 있도록 하는 AI 연구는 기호주의를 중심으로 1950년대 컴퓨터 기술이 갖춰지면서 시작되었다. 1980대 이후 연결주의 기반 기술 중심을 바탕으로 머신 러닝1980과 딥 러닝2010년으로 발전하게 된다. 1970년대 미국 전역의 연구소에 있는 컴퓨터가 통신 기술을 통해 네트워크로 연결되면서 개인도 대용량의 컴퓨터를 이용할 수 있는 시대가 되었다. 이후 '이더넷Ethernet'과 ADSL과 같은 네트워킹 기술이 개발되어 개인도 대용량의 컴퓨터를 이용해 다양한 서비스를 개발하고 이용할 수 있게 되었다.

[AI 기술 발전 속도][18]

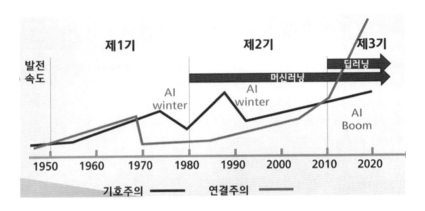

AI 기술 발전 초기에는 논리와 기호중심의 AI와 지식 표현 및 추론 기술, 특정 분야별 전문가의 지식을 수집해 AI를 구현하는 방식 등 기호주의에 의해 주도되었으나 곧 기술적 한계에 부딪혔다. 이후 AI를 통해 사람이 해결하기 어려운 문제를 쉽게 풀 수 있을 것으로 세상의 주목을 받았지만, 'AI의 겨울AI Winter'이라 불리는 두 번의 침체기를 겪는다.

사람이 쉽게 해결하는 문제를 AI가 잘 해결하지 못하고, AI가 쉽게 하는 일을 인간은 잘하지 못한다는 모라벡의 역설Moravec's Paradox로 인해 AI는 근본적인 문제에 봉착했다.

---

18   이미지 출처: 써로마인드

딥 러닝의 가능성

사람의 뉴런을 모방해 1957년 등장한 인공 신경망 알고리즘인 '퍼셉트론Perceptron'은 AI에 새로운 활력을 불어넣었다. 그러나 하나의 직선으로 데이터를 구분할 수 있는 선형문제는 풀 수 있지만, 직선으로 데이터를 구분할 수 없는 비선형 문제는 해결하지 못하는 한계로 인해 1974년~1980년 사이 1차 AI 침체기를 겪는다. 대부분 데이터가 비선형 데이터였기 때문에 이를 해결하지 못하는 AI는 쓸모가 없었기 때문이다. 이로 인해 AI에 관한 관심과 투자는 급격히 줄었다.

딥 러닝의 아버지라고 불리는 영국 출신의 컴퓨터 과학자 제프리 힌튼Geoffrey E. Hinton 교수는 1986년, 첫 번째 AI 침체의 원인이 된 문제를 해결했다. 그는 역전파 기법back-propagation으로 퍼셉트론을 층층이 쌓는 다층 퍼셉트론MLP, Multi-Layer Perceptron을 AI가 학습하게 하면서 AI의 1차 침체기를 가져왔던 비선형 문제를 해결했다. 힌튼 교수와 동료들의 노력으로 인해 AI는 1990년대 초반까지 큰 발전을 이루게 된다.

1980년대부터 전문가의 지식을 컴퓨터에 체계적으로 저장한 전문가 시스템을 세계 다수 기업이 활용하기 시작하면서 지식 기반 AI 연구가 주목을 받았다. 컴퓨터 제조회사인 DEC사가 개발한 XCON 전문가 시스템은 1980년에 시장에 진출해 1986년, 순이익 4천 만 달러를 기록하자 전 세계 기업이 AI 연구에 대규모 투자를 시작했다. 이로 인해 전문가 시스템을 지원하는 하드웨어, 소프트웨어 산업이 성장하는 계기가 되었다. 그러나 다층 퍼셉트론의 한계점이 서서히 보이기 시작했다. 데스크톱 컴퓨터가 발전하면서 전문가 시스템, 특히 하드웨어 시장이 붕괴되었고, 비정상적인 데이터 입력 시 이상 동작을 일으키는 한계 등으로 인해 AI 관련 기업 대부분이 몰락하는 결과를 초래하며 1987년~1993년 동안 2차 침체기를 겪었다.

2차 AI의 침체기 원인은 기울기 소실gradient vanishing과 과적합overfitting 문제였다. 기울기 소실 문제는 복잡한 문제를 풀기 위해선 퍼셉트론의 은닉층Hidden Layer을 많이 가지고 가야 하는데, 신경망의 층layer이 깊어지다 보니 가중치weight의 기울기gradient가 소실되어 모델이 학습되지 않는 문제가 발생했기 때문이다. 또한 모델이 학습 데이터에만 최적화되어 있어서 새로운 데이터를 넣었을 때 성능의 차이가 발생해 일반화generalization할 수 없는 과적합 문제가 있었다. AI가 풀어야 하는 문제의 난이도가 기술 수준보다 높았고, 기술 발전 속도에 비해 산업계의 기대가 너무 컸던 근본적인 이유도 있었다.

1990년대 이후 환경을 인지하고 성공 가능성을 최대화하는 행위를 수행하는 '지능형 에이전트'패러다임이 널리 활용되어 특정 문제의 해결 방안을 찾는 분야에 AI의 활용이 활성화되었다. 머신 러닝 기술은 1990년 이후 다양한 학문 연구에 활용되었고 산업용 로봇, 물류, 음성인식, 의료 진단, 의사 결정 지원 시스템 등 다양한 비즈니스 응용으로 확산되었다.

IBM이 만든 체스 특화 인공지능 컴퓨터인 '딥블루Deep Blue'가 1997년에 체스 세계 챔피언과 경쟁해 승리하고, '왓슨Watson'이 2011년 〈제퍼디 키즈쇼Jeopardy Quiz Show〉에서 우승하면서 머신 러닝 기술이 다시 세상의 주목을 받게 되었다. 힌튼 교수가 2006년 〈A fast learning algorithm for deep belief nets〉라는 논문을 통해 뉴런 가중치의 초기 값을 제대로 설정한다면 깊은 신경망도 학습시킬 수 있다는 딥 러닝 기술을 제시하면서 AI 기술이 다양한 산업과 서비스에 실용적으로 사용될 가능성을 높여주었다. 힌튼 교수는 여러 이미지 중에서 AI 기술로 누가 이미지를 잘 맞히는지 경쟁하는 2012년 '이미지 경진 대회 ImageNet large Scale visual Recogintion Challenges'에서 오답률 15%(평균 최저 오답율 26%)로 우승하며 AI 신기술인 딥 러닝의 가능성을 확인시켜주었다.

겨울잠에서 깨어난 AI

1980년대 초반 음성 통화만 가능했던 아날로그 1G 통신은 10년 주기로 한 차원씩 높은 기술로 발전해왔다. 문자와 사진 등 데이터 전송이 가능해진 1996년의 CDMA(코드분할다중접속)와 유럽의 GSM 기술로 2G 통신 시대가 열렸다. 이동통신 서비스는 데이터 전송이 가능해지면서 다른 산업으로 영역을 확장할 수 있었다.

이동통신의 진화
1G 음성 통화 〉 2G 음성, 문자 〉 3G 영상 등 멀티미디어 전송 〉 4G 고화질 화상 통화 등 대량 데이터 서비스 〉 5G IoT(사물인터넷), AR·VR(증강·가상현실) 〉 6G IoE(만물인터넷), XR(확장현실), 초연결 사회   자료: 과학기술정보통신부

2000년 초반 WCDMA 기반 3G 통신 시대가 되면서 스마트폰으로 인터넷을 사용할 수 있게 되었다. 또 데이터 전송 속도가 더욱 더 빨라지면서 이동하면서 컴퓨터를 이용하고 싶은 소비자의 욕구를 촉발해 디지털 콘텐츠 산업과 같은 새로운 시장 기회를 창출했다. 2010년에는 화상 통화와 실시간 동영상 서비스 이용이 가능한 4G 통신 시대가 되었다. 2019년에는 4G보다 20배나 빠른 5G 통신 시대가 되면서 ICT 산업을 넘어 제조 산업의 스마트화뿐만 아니라 금융·유통·의료 산업과 같은 서비스 산업과 융합해 새로운 서비스를 만들어내고 있다.

6G는 최대 1Tbps초당 테라비트, 1Tbps=1,000Gbps의 속도를 낸다. 5G보다 전송 속도가 최대 50배 빠르다. 네트워크 반응 속도를 의미하는 지연시간latency은 5G의 최대 10분의 1 수준인 0.1밀리초(1밀리초는 1,000분의 1초)로 줄어든다. 기지국 하나에 접속할 수 있는 기기의 개수도 수십 배 늘어난다. 6G 통신이 가능해지면 모든 것이 연결되고 소통하는 초연결 사회가 현실이 될 것이다.

양자 기술은 비트(0 또는 1)가 아니라 큐비트(0이면서 1)로 연산하는 양자 컴퓨터, 양자 통신의 핵심 기술이다. 양자 컴퓨터는 슈퍼컴퓨터보다 수억 배 빠르다. 신약, 신소재, 금융 상품 개발 주기를 획기적으로 단축할 수 있다. AI 연산이 디지털 컴퓨터와 비교할 수 없을 정도로 빨라지기 때문에 생활과 경제 활동에 엄청난 변화가 있을 것이다.

AI 기술은 이제 겨울잠을 깨고 6G 통신, 양자 기술, 초거대 AI를 활용해 우리 삶과 산업을 혁신적으로 변화시킬 것이다. 현실 세계를 벗어나 가상의 세계인 메타버스 공간으로 확대될 것이다.

《로봇 반란에서 살아남는 법How to Survive a Robot Uprising》에서 저자인 데니얼 윌슨Dnniel H. Wilson은 "토스터든 터미네이터든 기계라면 반항할 가능성이 있다. 따라서 반드시 모든 적으로서 로봇의 일반적 강함과 약함을 알아야 한다. 그것을 모르는 인간은 수많은 로봇이 일하기를 멈추고 공격을 시작했을 때 비참한 운명을 맞이하게 될 것이다."라며 AI 시대에 준비할 것을 경고했다. 늦기 전에 AI 시대에서 생존을 넘어 성공하는 사람이 되기 위한 준비를 서둘러야 한다.

II
AI 시대의 태도

1
코딩보다 중요한 태도

세계 경제 포럼에서 4차 산업혁명 인재에게 필요한 10대 역량을 제시한 바 있다. 대부분 태도에 관한 것이다. 코딩과 같은 실질적인 기술에 대한 역량에 대해서는 언급하지 않았다. 산업화 시대에도 태도가 중요했다. 그러나 AI 기술이 발전하고, 산업 환경이 변화하면서 4차 산업혁명 시대에 생존하는데 필요한 태도도 변화했다. AI 시대에 유용한 태도를 가지고 있다면 코딩과 같은 스킬은 자연스럽게 익힐 수 있는 것이다. 이 책을 읽는 여러분은 4차 산업혁명 시대에서 살아남는데 필요한 역량이 얼마나 있다고 생각되는가?

[4차 산업혁명 인재의 10대 역량, 세계 경제 포럼]

1. 복잡한 문제 해결력Complex Problem Solving
2. 비판적 사고Critical thinking
3. 창의성Creativity
4. 인적자원 관리 역량People Management
5. 대인관계 역량Cooperation with Others
6. 감성 지능Emotional Intelligence
7. 판단과 의사 결정력Judgement and Decision Making
8. 서비스 지향성Service Orientation
9. 협상력Negotiation
10. 융통성Cognitive Flexibility

교육 훈련, 채용, 배치, 승진 시 역량을 검증하는 도구로서 현장 중심의 인재를 양성하기 위해 만든 기준인 국가직무능력표준NCS, National Competency Standards에는 다양한 산업 및 직무 분야에 대한 태도, 지식, 기술을 소개하고 있다. NCS를 보면 산업계에서 요구하고 있는 AI 인재가 되기 위해서 무엇을 학습하고 훈련해야 하는지를 알 수 있다. AI 기술 적용 프로세스인 AI 플랫폼 구축, AI 서비스 기획, AI 모델링, AI 서비스 운영·관리, AI 서비스 구현과 관련해 NCS 태도 기준이 제시되어 있다.

AI 인재가 갖추어야 할 태도, 지식, 기술 중에서 가장 중요한 역량을 뽑으라면 그것은 태도다. 태도는 지식과 기술을 학습하는 동기를 부여하기 때문일 것이다. 지식과 기술보다 태도를 몸에 익히는 데는 많은 시간과 훈련 기간이 필요하다. 그래서 원하는 태도를 몸에 익히지 못하고 중도에 포기해버리는 사람이 많다.

4차 산업혁명 인재의 역량과 NCS 직업 기초 능력과 직무별 요구되는 태도는 유사하지만, 모두 추상적 용어로 설명되어 있어 그 의미가 모호하다. 그 태도가 어떤 것인지, 어떻게 그런 태도를 훈련할 수 있는지 아는 사람은 많지 않다.

여기서는 세계 경제 포럼과 NCS에서 제시하는 AI 시대 인재가 되는데 필요한 태도를 소개한다. 태도를 막연하게 훈련해서는 실패하기 쉽다. 체크리스트를 활용해 자기 몸에 맞는 수준으로 훈련할 필요가 있다. 태도는 머리가 아니라 몸으로 익혀야 그 효과가 있다.

[NCS 직무 관련 태도][19]

구분	태도
AI 모델 문제 정의	• 목표 설정을 위한 체계적인 사고 • 목표 설정을 위해 다수의 의견을 수용하는 자세 • 문제 표현 구성 요소를 기반으로 정확히 도식화하려는 자세 • 문제 해결을 위한 긍정적 자세 • 상대방을 존중하고 의견을 수렴하는 자세 • 새로운 AI 모델 사례들을 배우려는 적극적인 자세 • 요구 사항에 따라 다양한 모델을 적극적으로 검토하는 태도 • 요구 사항을 수용하고자 하는 태도 • 요구 사항의 명확성을 찾으려는 자세 • 요구 사항의 정확성과 완전성을 확보하려는 자세 • 이해 관계자들의 의견을 정확히 수용하고자 하는 객관적인 태도 • AI 문제 특징에 따라 해결 방법을 다각도로 검토하는 태도 • 적극적인 소통 의지 • 정확한 근거를 두고 판단하는 태도
AI 모델 설계	• 문제를 심도 있게 분석하고 개선하려는 자세 • 문제 해결을 위한 긍정적 자세 • 설계 항목을 정확하게 식별, 파악하는 태도 • 소스 코드를 심도 있게 분석하고 개선하려는 자세 • 프로세스 흐름에 대한 주의 깊게 관찰하는 태도
AI 데이터 확보	• 데이터 수집 항목을 정확하게 식별, 파악하는 태도 • 데이터 수집에 관한 문제 해결을 위한 긍정적 자세 • 문제에 대해 심도 깊게 분석하려는 자세 • 수집 프로세스 흐름에 대한 주의 깊게 관찰하는 태도
AI 데이터 전처리	• 데이터 정제 방안을 논리적이고 구체적으로 수립하려는 태도 • 데이터 품질 개선에 대한 의지 • 문제 해결을 위한 긍정적 자세 • 비정상 데이터를 최대한 파악하려는 의지
AI 데이터 특징 추출	• 논리적 사고 • 새로운 기술에 대한 지속적 탐구 • 이견에 대한 긍정적 수렴 • 전체 특징을 파악하는 통찰력

---

19   출처: NCS 홈페이지(www.ncs.go.kr)

AI 모델 학습	• 논리적 사고 • 새로운 기술에 대한 끝없는 탐구 • 이견에 대한 긍정적 수렴 • 전체 특징을 파악하는 통찰력
AI 모델 선정	• 관련 내용을 객관적으로 분석하려는 태도 • 논리적 사고와 판단을 적합한 지표를 식별하려는 자세 • 논리적 사고와 판단을 통해 문제에 접근하려는 자세 • 모델 우선순위 부여 시 객관적 시각을 유지하려는 자세 • 상세한 명세화로 참조할 대상을 배려하려는 자세 • 설계 항목을 정확하게 식별, 파악하는 태도 • 소스 코드를 심도 있게 분석하고 개선하려는 자세 • 수치화된 결과의 객관성을 지속 검증하려는 자세 • 식별된 문제에 가장 적합한 지표를 매핑 시키려는 적극적인 태도 • 원활한 커뮤니케이션을 위한 적극적인 태도 • 이해 관계자의 피드백을 긍정적으로 수용하려는 자세 • AI 모델을 평가하기 위한 최신 기술을 적극적으로 수용하려는 태도. • 테스트 결과에 대해 적극적으로 우선순위를 변경하려는 능동적 자세 • 프로세스 흐름에 대한 주의 깊게 관찰하는 태도 • 학습 결과를 다양한 시각에서 분석하려는 적극적인 자세
AI 모델 관리	• 개발 구성 요소를 정확하게 식별, 파악하는 태도 • 모델 품질을 지속적으로 개선하고자 하는 책임감 • 문제 해결을 위한 긍정적 자세 • 서비스 품질에 대한 책임감 있는 태도 • 소스 코드를 심도 있게 분석하고 개선하려는 자세 • 원활한 소통을 위해 노력하는 자세 • 절차를 심도 있게 분석하고 개선하려는 자세 • 평가 항목을 정확하게 식별, 파악하는 태도 • 품질 향상을 위해 지속적으로 노력하는 자세 • 프로그램 소스코드를 개선하려는 태도 • 프로세스 흐름에 대한 주의 깊게 관찰하는 태도 • 프로세스 흐름에 대한 주의 깊게 관찰하는 태도 • 형상 관리 품질 확보에 대한 책임감 있는 태도

2
문제가 답이다
(문제 해결력, 비판적 사고, 서비스 지향성)

기업에서 AI 기술을 적용하는데 가장 어려운 것 하나를 꼽으라면 그것은 문제 해결 역량을 가진 사람이 없다는 것이다. 문제를 해결하려면 문제가 무엇인지 알아야 해결할 수 있다. 문제만 잘 정의한다면 그다음은 오히려 쉽다. AI 기술이 알아서 해결 방안을 찾아준다. 실제 산업 현장에서는 문제조차 모르는 경우가 많다. 문제를 몰라 대응을 하지 못해 생산 비용이 올라가고 매출이 떨어진다.

산업화 시대의 노동자들은 오감에 의존해 문제를 발견하곤 했다. 손으로 기계를 만져보며 열이 얼마나 나는지 진동의 수준은 어떤지 확인하기도 하고, 소리를 들어보기도 했다. 기계 주변의 냄새를 맡아보는 등 감각에 의한 직감으로 생산 현장의 문제를 발견하고 해결했다. 그러나 기술 발달로 사람의 개입이 줄어들면서 오감을 활용할 수 있는 노동자의 역량도 퇴보했다. 감각은 기술로 대체할 수 있기 때문이다. 숙련공의 감각을 대신할 센서를 설치하는 것이다. 정작 문제는 센서로부터 들어오는 정보를 분석할 역량을 확보하는 것이다.

요즘 의사들은 환자를 진료할 때 환자의 얼굴을 보지 않는다는 농담이 있다. 의료기기도 디지털화되었기 때문에 의사들이 환자의 얼굴을 보는 대신 컴퓨터가 알려주는 데이터만 본다는 것이다.

아무리 지식과 기술이 좋아도 문제를 보는 태도가 중요하다. 문제란 무엇인가? 문제는 불편한 것이다. 문제를 해결한다는 것은 사람을 더 편하게 하는 것이다. 불편함을 해결하는데 돈을 낼 용의가 있으면 그 문제는 돈이 되는 문제다. 문제를 찾고, 그것을 해결한다면 사람들이 돈을 낼 것인가를 알아보는 행동이 습관화되어야 돈을 벌 수 있다.

태도는 단기간 내에 길러지지 않는다. 그러면 문제 해결 역량을 어떻게 학습하고 훈련할 수 있을까? 평소 생활하면서 무엇이 불편한지 세심하게 살피는 훈련이 되어야 한다. 개인의 지식과 경험 및 종사하는 산업과 직무에 따라 발견하는 문제는 다양하게 많을 수 있다. 작게는 일어나고 잠자리에 들 때까지 하루에 소비하는 상품과 서비스에 대한 개인적인 불편함의 문제도 있고 크게는 가족, 사회, 국가, 지구, 우주의 문제도 발견할 수 있다.

모든 문제가 돈이 되는 것은 아니다. 불편함의 정도에 따라 돈이 되지 않는 것도 많다. 그러나 사소한 문제라도 발견하는 연습이 되어야 더 큰 문제를 발견할 수 있는 감각을 가질 수 있는 것이다. 문제가 없는 사람은 아무것도 창조해낼 수 없다. 작은 문제를 해결하려고 노력하는 과정에서 더 큰 문제를 발견하고, 더 큰 문제를 해결할 수 있다.

누구나 문제를 숨기고 싶어 한다. 사람들은 문제를 인식해도 그것을 공개하면 자신에게 화가 닥칠지도 모른다는 생각에 숨기는 경우도 많다. 문제가 발각될 가능성이 없다면 그런 문제는 밖으로 드러나지 않는다.

생산 현장에서 불량품이 나왔을 때 불량품에 대한 정보가 투명하게 수집되고 분석되어야 그 문제를 바로 볼 수 있다. 불량품의 양이 잘못 보고되면 불량의 원인을 찾는 시도를 할 수 없다. 불량 관련 정보가 문제로 인식되어야 어떤 공정에서 장비의 문제가 있었는지, 작업자의 실수가 있었는지, 생산 환경에 변화가 있었는지 분석할 수 있다. 사람들은 자신의 실수가 있었을지 모른다는 우려 때문에 거짓 보고를 할 수도 있다. 아무리 좋은 시스템을 갖추어도 사람에 의해 거짓 보고가 되는 경우는 현장의 문제를 발견하고 해결할 기회를 놓치게 된다. 문제를 밖으로 드러내는 기업 문화를 만들어야 한다.

문제 찾기 훈련은 하루의 감정을 살펴보는 것부터 시작한다. 나쁜 감정에는 문제가 숨어있다. 나쁜 감정을 해결하지 않고 머무르기만 하면 아무것도 해결할 수 없다. 감정이 변화하면 그 원인이 된 사건과 사실에 주목해야 한다. 발견한 사실을 어떻게 개선할 수 있을지 해결 방안을 찾는 과정이 곧 문제 해결 능력을 기르는 훈련이다. 긍정적 감정과 부정적 감정이 일어난 사실과 이유가 무엇인지 살펴보고, 그것을 자기 삶과 일에 적용해보는 것이다.

[문제 찾기 훈련]

감정	사건(사실)	의미
정신적 기쁨 (즐거움, 환희, 흥미, 기대, 희망)		
육체적 기쁨 (시각, 청각, 촉각, 미각, 후각의 즐거움)		
정신적 고통 (화, 분노, 공포, 슬픔, 후회, 혐오, 시기, 기만, 염려 등)		
육체적 고통 (시각, 청각, 촉각, 미각, 후각의 괴로움)		

3
괴짜의 힘(창의성)

　산업화 시대에는 성실이 제일의 덕목이었다. 그러나 4차 산업혁명의 시대에서는 성실만으로는 할 수 있는 일이 없을지 모른다. 그런 일은 AI가 더 잘한다.

　산업화 시대에서는 증기와 전기 기술을 이용해 빠르게 제품과 서비스를 생산해 공급하는 자가 경쟁에서 이길 수 있었다. 혁신적인 기술은 인간들의 고통스러운 육체적 노동의 짐을 덜어주었기 때문에 만들기만 하면 팔려나갔다. 기계와 전기로 촉발된 산업화 기술이 성숙하면서 저렴한 가격에 누구나 제품과 서비스를 이용할 수 있게 되었다. 공급이 시장을 주도하던 산업화 시대에는 자신의 개성을 주장하는 괴짜들은 경제적 부를 이루지 못했다. 이들은 조직과 사회에서 엉뚱한 사람으로 치부되었다.

　정보 통신 기술의 발전은 정보와 지식을 기하급수적으로 대중에게 전달할 수 있게 되었다. 지식의 발전은 세계를 풍요롭게 했다. 대중화된 제품, 서비스의 기능과 성능에 익숙해진 고객들은 새로운 것을 찾기 시작했다. 나에게 맞춘 제품과 서비스를 원하는 시대가 되었다. 산업화 시대까지만 해도 소수의 천재가 상상력을 발휘해 기계를 발명하고 대중은 이 기계를 이용해 빠르게 생산하는 시대였다. 누가 더 적은 비용으로 누가 더 좋은 성능의 제품을 만들 수 있는가가 경쟁력의 핵심이었다.

그러나 AI 시대가 되면서 대중에 머물러서는 생존마저 위태로울 수 있다. 상상력이 없어도 정해진 규칙에 따라 주어진 지시를 잘 이행하면 가족의 생계를 책임질 수 있는 시대가 끝나가고 있다.

"공학 분야의 주요 전공을 보면 각자 기본기가 있다. 기계·항공·조선에서는 고체·기체·유체역학이 그것이다. 전기·전자·통신 전공에서는 미분방정식이고, 경영·산업공학 전공에서는 통계기법이다. 그러면 컴퓨터·소프트웨어 전공에서는 그 기본기가 무엇인가, 수학이나 통계학일까? 세상의 복잡한 문제를 분석해 모형화하고 그것을 풀어내는 추상력과 그 문제를 해결할 수 있는 실마리를 찾아내는 상상력이다.

"한국전자통신연구원 김명준 원장이 한 언론에 기고한 글이다.[20]

'상상력을 가져라, 창의적인 사람이 돼라'사회 지도자들의 글뿐만 아니라 어른들이 자녀에게 잠언처럼 하는 말이다. 공장에서 사무실에

---

20   <10년 뒤 6G 세상, 첨단 기술에 선호하는 미래를 담는다> <중앙일보> (2021.07.26.)

서 기계처럼 일하던 것에 익숙한 산업화의 주역들이 하는 충고다. 그러나 획일화된 교육과 편안하고 안정적인 삶을 추구하도록 강요받는 사회 환경에서는 창의적인 인간이 육성되지 않는다. 평소 생활에서 상상하는 연습이 되어야만 창조적인 인간이 될 수 있다.

창의적인 인간은 타고나는 것일까, 육성되는 것일까? 모든 인간이 다른 육체, 지능, 정신, 재능을 가지고 태어난다. 누구나 창의성을 발휘할 수 있는 조건을 가지고 있다는 점에서 창의적인 인간은 타고난다. 그러나 창의적인 인간이라고 해서 모두 창의성을 발휘하는 것은 아니다. 부단한 노력을 한 사람만이 창의적인 성과를 만들어낸다는 점에서 창의적인 인간은 '육성'된다.

창의적인 인간이 되기 위해서 어떤 노력을 해야 할까? 괴짜의 사전적 의미는 '이상한 짓을 하는 사람을 속되게 이르는 말'이다. 한자로는 '기인(奇人)'이라 한다. 이상한 짓을 하는 괴짜들의 기상천외한 아이디어가 세상과 인류에 도움이 된다. 왕따가 되는 것을 두려워해서는 창의적인 인간이 될 수 없다. 대중은 익숙한 것에서 벗어나는 것을 두려워한다. 다수의 생각과 다른 생각을 하는 사람들은 다수로부터 왕따를 당할 가능성이 크기 때문이다.

외로움과 고독은 다르다. 외로움은 타인에 의해 고립된 상황이다. 고독은 스스로 타인으로부터 고립되는 것을 선택하는 것이다. 평소에 하는 생각, 말과 행동에서 제품과 서비스에 대한 다수의 생각과 다른 내 생각이 무엇인지를 찾아보는 훈련은 상상력을 기르는데 좋은 훈련이다.

타고난 성향과 재능은 상상력의 근원이다. 사람들은 자신의 성향과 맞고 재능이 있는 분야에 대해서 관심이 많다. 관심은 상상력을 발휘할 수 있게 하는 열쇠다. '나는 누구인가?'라는 철학적 질문에 대한 답은 생각으로는 찾을 수 없다. 자신의 성향과 재능을 지금, 이 순간 결정하는 것이다. 먼저 자신의 성향과 재능을 결정하고 그런 성향과 재능을 가진 사람들이 하는 구체적인 행동을 실천해보면 알 수 있다.

창의성을 발휘하기 위해서는 자신의 강점을 알아야 한다. 지금 당장 자신에 대해 자랑할 것을 20개가량 적어 보자. 코칭을 할 때 대부분 고객은 자랑할 거리를 잘 찾지 못한다. 그러나 고객이 자랑거리를 하나 찾을 때까지 기다려주면 대부분 어렵지 않게 자신의 자랑거리를 찾는다. 자신의 과거를 여행하며 가슴이 뿌듯했던 때, 자랑스러웠던 때, 칭찬받았던 순간들을 찾아 적어 보자. 자랑거리가 자신의 어떤 성향 및 재능과 관련되어 있는지를 적어 보자. 그리고 자신의 성향과 재능을 발휘하기 위한 행동을 해보자. 몸으로 행동하면 창의력은 저절로 찾아온다.

[창의성 훈련]

구분	다수의 생각	나의 생각
1.		
2.		
3.		
4.		
5.		

나의 자랑
1.
2.
3.
4.
5.
6.
7.
8.
9.
10.
11.
12.
13.
14.
15.
16.
17.
18.
19.
20.

노코딩 AI

4
더 중요해진 협력
(대외관계 역량, 협상력)

    AI 기술 적용 프로젝트는 데이터 수집 및 정제, AI 모델 개발 및 배포의 단계로 추진되는데, 단계별로 전문성이 요구되기 때문에 다수의 전문가가 참여해 진행한다. 또한 소프트웨어 개발자뿐만 아니라 AI 기술을 적용해야 하는 산업 분야의 다양한 직무를 수행하는 사람들도 참여하기 때문에 이해관계자가 많다. 내부에 AI 추진팀이 조직되어 있지 않을 때 외부 AI 기술 기업과 협력해야 하는 때도 있어 내외부에 있는 사람들과 협력이 불가피하다.

    산업 현장의 문제를 해결하는 AI 모델은 산업 전문가와 소프트웨어 개발자의 협력을 통해 개발된다. 또한 AI 기술 적용 프로세스 단계마다 이전 단계의 전문가와 협력이 필요하다. 따라서 전문가 간에 협력이 잘되지 않으면 그 프로젝트는 성공하기 어렵다.

    최근 AI 기술 적용의 많은 부분을 자동화한 AI 솔루션이 개발되어 일반인들이 데이터 사이언티스트들이 하던 업무 일부를 수행할 수 있게 되었다. AI 솔루션의 성장으로 인해 간단한 작업은 산업계의 일반 종사자들도 가능하게 되었다. 그러나 자동화로 인해 해결하기 어려운 영역이나 효율성이 중요한 영역은 수학과 통계 지식을 활용해 AI 모델을 개발하는 데이터 사이언티스트가 수행할 것이다. 따라서 AI 솔루션을 활용하는 산업계 전문가와 데이터 사이언티스트의 협력이 더 중요해질 것이다.

관계를 잘 유지하고 협상을 잘하는 데는 개인의 성향과 성장 환경 모두 영향이 있다. 필자는 공공기관에 근무하다 보니 중소기업의 CEO를 만날 기회가 많다. 다른 사람을 성장시키는 데 관심이 많아 국제 공인 코치 자격을 받은 후 CEO는 어떤 기질을 가졌는지 유심히 살펴보곤 했다. 나의 결론은 CEO의 기질은 없다는 것이다. 매우 유쾌하고 적극적인 분들도 있지만 매우 소심하고 안정적인 것을 선호하는 분들도 있었다. 매우 다른 기질을 타고났지만, 기업의 CEO가 될 수 있었던 것은 어떤 요인 때문일까? 다른 사람과 협력하는 방법을 잘 알고 실천하기 때문이라는 결론을 얻었다. 자신의 부족한 경험과 자신이 가지지 못한 재능을 가진 사람과 협력할 줄 알았기 때문에 CEO로 성공할 수 있었을 것이다.

기질이 다른 사람끼리 협력하기는 쉽지 않다. 서로 좋아하는 것이 달라서 부딪힐 일이 많다. 사람은 자기를 중심으로 느끼고, 생각하고, 행동한다. 자기와 같은 것끼리는 편하므로 쉽게 뭉치지만 자기와 다른 것은 배척하는 경우가 많다. 그러나 성과를 내기 위해서는 많은 사

노코딩 AI

람이 힘을 합쳐야 한다. 그런데 지식과 기술이 좋아도 다른 사람의 도움을 받지 못하면 성과를 내지 못한다. 다른 사람들이 자신과 다르다는 것을 인정하는 훈련을 해야 한다. 자신이 가진 강점에서 다른 사람을 보면 자신보다 열등하다거나 나쁘다고 생각하기 쉽다. 이런 감정은 말로 하지 않아도 쉽게 타인에게 전달된다. 사람들은 지식과 기술이 훌륭해도 이런 태도를 가진 사람과 협력하려 하지 않는다. 어떻게 하면 대외 관계를 잘할 수 있을까? 먼저 관계가 좋거나 나쁜 사람을 떠올려보고 자신의 어떤 강점이 관련되어 있는지를 파악한다. 그리고 자신과 협력하고 있는 사람들의 강점을 적고 협력하는 데 어떤 의미가 있는지 파악해본다.

AI 기술을 적용하기 위해서는 내·외부에 있는 개인, 조직, 기업과 협상을 해야 할 때도 많다. 특히 기업에서 수행하는 프로젝트에서는 협상을 잘하는 능력이 매우 중요하다, 협상 능력에 따라 제품 개발, 생산 비용 절감, 매출 증대, 이익 실현 등 프로젝트의 성공이 결정 나는 경우가 많다.

협상을 잘하는 사람은 자기가 승리하고 협상 대상자가 실패하게 만들지 않는다. 서로가 윈윈할 수 있는 방법을 사용한다. 윈윈하는 관계는 일시적이거나 단기적인 관계에서 만들어지지 않는다. 한 번은 내가 손해를 보더라도 다음에 보상받을 수 있다는 신뢰가 있을 때 이런 윈윈하는 협상을 할 수 있다. 개인 간의 관계뿐만 아니라 비즈니스의 세계도 얼마나 신뢰할 수 있는 좋은 관계를 맺은 파트너와 고객이 있느냐에 따라 사업의 성패가 결정 난다.

인색한 사람은 협상을 잘하기 어렵다. 인색하다는 것은 자신을 대하는 것과 상대를 다르게 대하는 것이다. 내가 거래에서 이익을 보고 싶어 하듯 상대도 이익을 보고 싶어 한다. 얼마나 많이 가졌는지 상관없이 풍족하고 여유로운 생각을 하는 사람이 협상을 잘한다. 자신이 얼마나 많이 가졌는지를 잘 알고 있어야 협상을 잘할 수 있다. 협상이란 내가 가진 것을 내어주고 상대가 가진 것을 받아오는 것이기 때문이다. 현실에서는 동등한 가치의 교환은 불가능하다. 가치란 주관적 기준에 의해 결정되는 것인데, 동등한 가치가 교환된다는 인식 때문에 협상이 되는 것이다. 협상을 잘하기 위해서는 자신이 가진 것에 대한 가치를 정하고 있어야 한다.

또한, 상대방이 제시한 것에 대한 가치도 알 수 있어야 한다. 가장 잘한 협상은 서로가 윈윈하는 협상이다. 상대가 가진 것에 대한 가치를 잘못 판단해 협상이 타결되는 경우는 협상이 타결되지 않은 경우보다 더 실패한 협상이다. 내가 승리하고 상대가 실패했다고 인식하게 되는 협상도 좋은 협상이 아니다. 단기적으로는 협상 승리로 인해 이익을 얻을 수 있을지 몰라도 장기적으로는 좋은 파트너와 적대적인 관계가 될 수 있기 때문이다. 성공하는 협상을 위해 자신과 자신의 회사 및 협상 상대가 무엇을 가졌는지 살펴보는 훈련이 필요하다.

[강점 찾기 훈련]

대상	자신 강점	타인 강점	의미
1.			
2.			
3.			
4.			
5.			

[개인 관찰]

구분	나	협상대상자
지식 기술 자금 관계 명성		

[회사 관찰]

구분	자사	타사
지식 기술 자금 파트너 브랜드		

5
부드러운 리더십
(융통성, 감성지능, 인적자원 관리 역량)

    산업화 시대에서는 개성을 숨기고 조직과 국가가 가는 방향에 순응해야 하는 것이 미덕이었다. 산업화의 성공으로 물질적 풍요를 이루게 되면서 개인들은 조직보다 자신의 가치 실현을 더 중시하게 되었다. AI 기술이 발전하면서 개인이 인터넷에 남겨놓는 디지털 지문을 분석해 개인에게 맞춤형 서비스를 제공함에 따라 이런 개인의 탈 집단화 욕구는 더 강화되고 있다.

    아무리 능력이 뛰어난 개인도 부가가치를 만들어내는 데 한계가 있다. 큰 부가가치는 개인이 집단으로 협력할 때 만들어진다. 집단에서 이탈하려고 하는 개인을 협력하도록 하는 힘은 무엇일까? 사람을 움직이게 하는 것은 옳고 그름을 따지는 이성적 논리가 아니라 따뜻한 감성이다.

    사람의 감정이 상하는 경우는 개인의 존엄성이 위협받았다고 느낄 때다. 자신의 개성이 무시되거나 자기 능력이 잘못 평가되는 경우다.

오만방자하고 교만한 사람은 다른 사람을 강제로 움직이게 할 수 있을 지언정 자발적으로 움직이게는 못한다. 교만한 사람도 겸손한 사람을 좋아하고, 교만하지 않은 사람도 겸손한 사람을 좋아한다고 한다. 산업화 시대에는 밀어붙이기식 강한 리더십이 통했다. 그러나 AI 시대에는 겸손한 사람이 경쟁력이 있다.

교만은 여러 단계로 나눌 수 있는데 자신이 겸손한 사람인지를 평가하는데 좋은 지표다.

① 자신보다 능력이 없는 사람을 멸시하는 것 ② 자신과 능력이 같은 사람보다 자신이 더 능력이 많다고 생각하고 멸시하는 것 ③ 자신보다 능력이 더 많은 사람보다 자기 능력이 더 많다고 자만하는 것 ④ 자신의 성과를 자신이 혼자 이룬 것으로 생각하는 것 ⑤ 아직 최고의 능력에 도달하지 않았음에도 최고의 능력을 갖춘 것처럼 행동하는 것 ⑥ 자신보다 훨씬 뛰어난 사람보다 조금 부족한 것으로 여기는 것 ⑦ 자기 능력을 잘 못 발휘하면서 자신이 대단한 사람이라고 생각하는 것 등이다.

겸손하기 위해서는 자신의 지식과 기술 능력에 대한 객관적인 평가를 할 수 있어야 한다. 이 책에서 소개하는 AI 시대에 필요한 지식과 기술에 대해 자신의 역량을 먼저 객관적으로 평가해야 한다. 자신의 지식과 기술은 다른 사람과 나누고, 부족한 지식과 기술은 다른 사람의 도움을 받아 학습하면 AI 시대의 인재로 성장하게 되는 것이다.

자신의 노력으로 성과를 내는 능력과 달리 부드러운 리더십은 다른 사람들의 재능이 잘 발휘되도록 하는 능력이다. 지식과 기술 모두 사람이 만들어내는 것이기 때문에 다른 사람을 자기 사람으로 만들지 못하면 성과를 만들어내기 어렵다. 자신보다 능력이 부족한 사람들은 능력을 개발할 수 있도록 돕고 자신보다 능력이 많은 사람의 도움을 받을 수 있어야 한다.

산업화 시대에는 이성적 능력이 뛰어난 사람이 성공했다면 AI 시대에는 감성적 능력이 뛰어난 사람이 더 성장할 것이다. AI는 이성적 능력이 필요한 일에 적합하기 때문에 방대한 데이터를 분석해 이성적 지식 서비스를 제공하는 전문 직종 분야도 AI 시대에서는 생존하기 어려울지 모른다. 감성 지능이 높은 사람의 핵심 능력은 다른 사람을 자신과 같이 존중받아야 할 사람으로 대하는 것이다. 내가 하면 로맨스고 남이 하면 불륜이라는 말처럼 자기에게 관대하고 타인에게 인색해서는 부드러운 리더십이 발휘되지 않는다. 감성 지능은 마음에만 관련된 것이 아니다. 물질과 마음 모두 자신과 타인에 대해 같이 대하는 것이 감성 지능이 높은 사람이다. 자신에게만 이롭게 행동해서는 부드러운 리더십을 발휘할 수 없다.

많은 사람이 검소한 것과 인색한 것을 혼동한다. 검소는 자신의 소득 수준에 맞는 적정한 수준의 엔터테인먼트를 하는 것이다. 엔터테인먼트란 인간의 존엄을 유지하는데 필요한 의식주를 넘어선 감각적 즐거움을 의미한다. 가장 이상적인 엔터테인먼트 소비 비중은 소득의 약 30%라고 한다. 소득 수준에 관계없이 인색한 사람들은 자신에게 관대해서 필요 이상의 엔터테인먼트를 소비한다. 그러나 검소한 사람들은 자신에게 엄격하고 타인에게 관대하다. 인색한 사람은 타인의 협조를 얻어낼 수 있는 부드러운 리더십을 발휘하기 어렵다.

다른 사람이 자기보다 더 많이 가진 것을 바라보는 두 개의 마음이 있다. 부정적인 마음을 가지면 시기하게 되고, 긍정적인 마음을 가지면 부러움이 든다. 시기심과 부러운 마음은 자신이 그 분야에 관심이 많고 재능이 있을 때 생긴다. 재능은 있는데 노력을 하지 않았거나 노력했더라도 행운이 따르지 않아 성과를 못 내는 경우다. 시기심이 일어나면 빨리 긍정적인 마음으로 바꾸어야 한다. 부정적인 마음을 그대로 두면 자기 몸과 마음이 오염되어 성과를 만들기 힘들다.

긍정적 마음을 가지게 되면 다른 사람이 이룬 결과보다는 그 결과를 이루기 위해 어떤 노력을 했는가에 관심을 둔다. 부드러운 리더십을 발휘하는 사람은 결과보다 과정에서 기쁨을 얻는다. 자신이 부단히 노력해 얻은 성과라고 하더라도 자신이 이룬 성과를 행운의 탓으로 돌린다. 자신의 행운을 다른 사람과 나눈다. 남을 시기하게 되면 다른 사람의 재능과 능력을 활용할 수 없지만 부러워하는 긍정적인 마음은 자신이 더 노력하거나 자신보다 더 나은 타인의 재능을 활용하는 리더십을 발휘할 수 있다.

[나의 지식/기술 능력 평가]

구분	요구수준	나의 능력

[부정적 감정을 긍정적 감정으로 전환하기]

시기심과 부러움이 일어난 사건	관련있는 나의 강점	강점을 강화할 활동계획

노코딩 AI

6
AI보다 나은 판단력
(분석적·논리적 의사 결정력, 통찰력)

의사 결정을 위해 원하는 것을 얻으려면 고려해야 할 것들이 무엇이 있으며, 어떤 행동이 가장 좋은 것인지를 알아야 한다. 인간과 AI 중 누가 더 나은 판단을 할 수 있을까? 정형화된 변수를 활용한 의사 결정은 AI가 더 잘한다. 그러나 세상에는 정형화할 수 없는 것들이 많다. 우열을 가리기 어려운 선택을 해야 하는 경우도 많다. 차이가 큰 대상은 누구나 쉽게 선택할 수 있다. 그러나 그 차이가 미미하다면 선택은 어렵다.

현재의 지식에 기반해 의사 결정을 해야 할 때 차이를 구별하기 어려운 경우에 어떻게 하는 것이 좋은 선택일까? 세 가지 방법이 있다. ① 아무것도 선택하지 않기 ② 아무거나 빨리 선택하기 ③ 가장 좋은 것을 찾기 위해 계속 분석하기다. 아마 AI는 많은 컴퓨팅 자원과 시간을 사용해서 조금이라도 더 큰 것을 찾아낼 수 있을 것이다. 그러면 사람은 어떤 선택을 할까?

선택할 때는 자신에게 이로운지 해로운지 고려해야 한다. 모두 이롭거나 모두 해롭다는 것을 아는 경우가 있고, 모두를 모르는 경우가 있다. 모두 이롭다면 아무거나 빨리 선택하는 것이 좋다. 모두 해롭다면 어느 하나를 선택했을 때와 아무 선택을 안 했을 때 어느 것이 더 이로운지를 판단해서 결정할 것이다. 그러나 실제 삶에서는 고려할 변수가 너무 많아 선택해야 하는 대상이 이로운지 해로운지 알기 어려운 경우가 많다.

좋은 결정은 지식과 경험의 양에 의존한다. 지식과 경험이 많으면 더 나은 결정을 할 수 있다. 어려운 의사 결정 문제를 해결하기 위해서는 오랫동안 지식과 경험을 축적해야만 가능하다. 특수한 데이터에 기반한 의사 결정은 인간보다 AI가 더 잘한다. 따라서 자신이 하는 일과 관련한 데이터를 수집하고, AI의 도움을 받아 의사 결정을 하는 것도 고려해야 한다.

그러나 여전히 AI는 데이터 편향이나 왜곡과 같은 의도적인 외부 공격으로 잘못된 의사 결정을 할 수 있다. AI가 고려하지 못하는 변수는 오직 인간만이 결정할 수 있기 때문이다.

AI의 잘못된 의사 결정으로 사회적 문제와 비용을 유발한 사건이 많았다. 구글 포토가 흑인을 고릴라로 인식하고, 테슬라의 자율주행 자동차가 흰색 트레일러를 하늘로 인식하거나 추돌해 운전자가 사망한 사건도 있었다. 미국 쇼핑센터 보안 로봇이 생후 16개월 유아를 공격한 적도 있었고, 우버의 자율주행 자동차가 야간에 자전거를 인식하지 못해 치어 숨지게 한 일도 있었다. 딥 페이크 기술로 일반인 얼굴이 사용된 음란 영상물이 소셜 미디어에 게재된 사건도 있었다. 결국 최종적인 의사 결정은 인간이 하고, AI는 보조적인 역할을 수행할 것이다.

불확실성이 있을 때는 머뭇거리기보다는 신속하게 결정하고 행동하는 것이 생존에 유리하다. 치열한 경쟁에서 빠른 의사 결정은 곧 경쟁력이다. 모든 의사 결정이 생존을 좌지우지하지 않는다. 주어진 상황에서 의사 결정을 하는 것이 안 하는 것보다 낫다.

한 번의 의사 결정과 행동은 분석→결정→행동의 프로세스를 반복하며 발전한다. 고려하는 문제에 대한 변수가 무엇이 있는지 평소에 학습해둠으로써 의사 결정의 불확실성을 줄이는 노력을 해야 한다. 의사 결정을 위한 노력이 충분하다고 생각하면 즉시 방아쇠를 당기는 것이 좋다. 실패할 수 있지만, 그 실패는 큰 성공을 위한 과정이 될 것이다.

의사 결정을 해야 할 상황이 되면 의사 결정에 관련된 자신의 지식이 충분한지를 고려하고, 충분하지 않다면 의사 결정 마감 시간 전에 추가로 정보를 수집하는 노력을 한다. 이러한 과정에서 분석적·논리적 노력이 필요하다. 마감 시간이 되면 현재까지 확보된 정보를 고려해 선택지 중에서 어느 하나를 선택하든지 선택하지 않든지 신속하게 결정해야 한다. 아무것도 선택하지 않는 것도 역시 자기의 선택이어야 한다. 의지가 개입되지 않은 선택은 성장에 도움이 안 된다. AI는 의사 결정을 하기 위해 많은 자원을 소모한다. AI보다 적은 자원을 소모하고 빠른 의사 결정을 할 수 있어야 AI 시대에서 성공할 수 있다.

철학자 칸트의 저서 《순수이성비판》에는 '경험은 틀림없이 모든 지식이 시작되는 곳이다.'라는 구절이 있다. AI는 인간이 경험한 데이터에 의존해서 결정한다. 그러나 칸트에 의하면 인간은 경험을 시작하게 하는 선험적 지식을 가지고 있어 경험하지 않아도 절대적인 선과 악을 판단할 수 있다고 했다.

AI는 엄청난 양의 데이터를 처리할 수 있는 능력을 갖추고 있지만 경험하지 않은 것을 판단할 수 있는 선험 지식을 갖고 있지 않다. 사람은 대상에 대해 관심을 가지도록 하는 선험 지식으로 질문을 하고, 제한된 정보만으로도 판단할 수 있는 능력이 있다. AI 시대에 인간은 AI와 경쟁하는 것이 아니라 AI보다 나은 의사 결정 능력을 활용해 AI와 협력하며 더 많은 부가가치를 생산할 수 있다.

의사 결정 과제가 있다면 의사 결정에 관련된 변수는 무엇이 있는지, 그 변수에 관해 얼마나 잘 알고 있는지 확인하는 작업을 한다. 변수에 관해 확신이 들지 않으면 의사 결정에 관련된 변수를 찾기 위한 노력을 한다. 문제가 복잡하고 클 경우 관련된 변수를 찾기가 쉽지 않으며, 어느 것이 더 중요한 변수인지를 모르는 경우도 많다.

지식과 경험이 부족한 경우 쉽게 의사 결정을 위한 변수가 잘 보이지 않는다. 의사 결정을 위해 주어진 시간에서 최대한 많은 변수를 찾기 위해 노력하되 때가 되면 과감히 결정하는 훈련을 해야 한다.

[의사 결정 훈련]

의사 결정 과제명:

관련 변수	가중치/중요도	관측 데이터

III
AI 시대의 지식

1
AI 시대의 창과 방패,
수학과 통계

AI 가설을 세우는데 필요한 수학

많은 사람이 수학을 어려워한다. 수학이 싫어 문과를 선택하는 사람도 많다. 수와 자연 현상을 좋아하는 사람들은 이과를 선택하고, 언어와 사회 현상에 관심이 많은 사람은 문과를 선택한다.

과학자들은 자연 현상을 관찰해 수를 이용한 일반적인 함수식을 발견함으로써 문명의 발전에 이바지했다. 답이 딱 떨어지는 수학과 달리 사회 현상을 연구하는 데 활용되는 언어는 변동성이 커서 정확한 답이 없다. 그래서 문과 출신들은 사회 현상을 분석하는 데 수를 적극적으로 활용하지 않았다.

그러나 사회에서 벌어지는 다양한 현상의 함수식을 찾는 어려운 계산을 AI가 할 수 있게 되면서 사회 현상을 수학적으로 분석할 수 있게 되었다. 언어를 수의 벡터값으로 표현해 AI가 학습할 수 있도록 하기 때문이다.

AI 기술 적용에서 가장 어려운 부분은 코딩으로 AI 모델을 만드는 것이 아니라 모형에 제공하는 입력을 숫자의 집합으로 표현하는 것이다. 자연과 사회에서 일어나는 현상에서 의미를 찾기 위한 가설을 세우는데 필요한 수학 능력이 더 중요하다. 가설만 잘 세우면 골치 아픈 계산은 AI에게 맡기면 된다.

사람은 사회 현상과 자연 현상에 대한 수학적 가설을 만들 능력이 있다. AI는 인간이 엄두도 낼 수 없는 속도로 복잡한 자연 및 사회 현상에서 상관관계를 찾는 계산을 할 수 있다. 그러나 AI는 인간이 현상에서 가설을 만들고 데이터를 입력해야만 일을 할 수 있다. AI를 이용해 사회 현상을 연구하기 위해서는 문과 출신도 수학에 관심을 가져야 한다.

전기·전자공학 전문가들의 국제 조직인 IEEEInstitute of Electrical and Electronics Engineers에서 시상하는 '젊은 과학자상'을 수상한 KAIST의 서창호 교수는 한 언론 인터뷰에서 "AI 전문가가 되기 위해서는 중학교부터 함수·행렬·확률 등을 중심으로 한 수학 과정에 충실해야 한다. 직장인은 코딩과 프로그램 운영 분야를 집중적으로 배워야 한다."라고 말해 수학과 코딩의 중요성을 언급했다.[21]

수학은 자연과 사회와 소통하는 언어이다. 공기, 물, 바람, 나무와

---

21   <자율주행차 같은 실생활 사례가 AI 참교육> <서울경제>(2021.07.26.)

소통하기 위해서는 수학을 알아야 한다. 자연은 인간에게 말을 하고 있는데, 그것을 이해하지 못하면 자연과 소통이 되지 않는다. 인간은 인터넷 공간에 말로 하지 못하는 숨겨진 욕구를 남긴다. 자연과 사회가 무엇을 말하는지 알기 위해서는 수학 특히 행렬, 벡터, 미적분, 확률, 통계를 알아야 한다. 그런데 AI는 자연과 사회 속에 어떤 문제가 있는지를 알아야 그 문제를 해결할 수 있다.

AI의 알고리즘을 설계할 때 인간은 컴퓨터가 아닌 수학을 이용하고 있다. 아직은 컴퓨터가 스스로 문제를 알지 못하기 때문에 AI를 설계할 수 없다.

수학의 역사는 2천 년이 넘는다. 딥 러닝의 역사는 채 10년밖에 안 됐다. AI 학습에 쓰이는 데이터는 자연 현상을 수학의 벡터로 표현된다. 벡터는 다차원 공간에서 디지털 숫자의 묶음이다. 이런 자연의 데이터를 더하고 빼고 곱하고 나누는 연산의 수학적 도구가 '행렬'이다. 아래에서 보는 것처럼 레모네이드 가게에서 날짜, 요일, 온도, 판매량 데이터를 행과 열의 표로 나타낼 수 있다. 이런 표 데이터를 가지고 있으면 머신 러닝 기술을 활용해서 미래의 판매량을 예측할 수 있는 알고리즘을 만들 수 있다. 온도에 따라 판매량이 달라지는 함수식, 즉 알고리즘을 가지고 있으면 기상 예보를 기준으로 예측된 판매량에 필요한 재료를 준비할 수 있다.

	열(column) 특성(feature) 속성(attribute) 변수(variable)		
날짜	**요일**	**온도**	**판매량**
2021.12.01	수	5	40
2021.12.02	목	2	42
2021.12.03	금	1	44

행(row)
개체(instance)
관측치(observed value)
기록(record)
사례(example)
경우(case)

여기서 행렬은 자연과 사회 현상을 벡터의 공간 변환을 통해 계산을 가능하게 해주는 역할을 한다. 입력 데이터를 AI 모델에 넣으면 출력값을 얻을 수 있다. 그러나 사람은 아직 AI 모델 내부에서 어떤 데이터 변환 과정으로 출력값을 계산하는지 이해할 수 없다. 벡터와 행렬로 대표되는 선형 대수 수학이 그 블랙박스를 들여다볼 수 있는 열쇠가 될 수 있다.

AI는 내부 연결망과 그 변수들을 최적화해 학습한다. 최적화 과정에서 수학의 미분을 사용한다. AI의 출력값은 절대적인 답이 아니라 확률로 주어진다. AI의 불완전성을 수학의 확률이 보완하는 것이다. 그래서 AI에는 확률, 통계, 이산 수학 등 고급 수학도 필요하다.

미분은 자연 현상이 시간에 따라 어떻게 변화하는지 알 수 있는데 활용하는 수학이다. 순간적인 원인과 결과의 순간적인 변화의 관계를 미분식으로 만들고 미분식을 적분해 미래를 예측하는 것이다. 미분은 자연 현상이 복잡한 그래프의 형태로 나타날 때 복잡한 함수의 그래프를 쉽게 파악하는데 활용하는 수학이다. 전자기학의 맥스웰 방정식, 양자 역학의 슈뢰딩거 방정식, 유체 역학의 나비에-스토크스 방정식,

아인슈타인의 장 방정식 등이 자연 현상을 분석하는 데 미분을 활용했다. AI 기술은 미래를 예측하는 데 활용되고 있는데, 이는 미분이라는 수학을 활용하기 때문에 가능하다.

데이터 분석을 위한 통계

데이터를 분석하기 위해서는 통계를 이용한다. 분산 분석, 회귀 분석, 요인 분석, 판별 분석, 군집 분석과 같은 통계를 할 줄 알면 사람이 자연 현상을 이해할 수 있다.

분산 분석은 집단 간 다른 변수 요인이 있을 때 그 변수가 영향을 주는지를 알 수 있는 분석 방법이다. 분산이란 집단의 평균값과 개별 데이터들이 얼마나 떨어져 있는가를 나타내는 것이다. 분산 분석은 분석하려는 대상을 대표할 수 있는 표본 집단을 두 개 이상 만들어 집단 내에서는 분산이 작고 집단 간에는 분산이 클수록 집단 간에는 차이가 있을 가능성이 크다고 분석한다. 예를 들면 두 집단에 다른 변수는 같게 하고, 한 집단에만 변수를 다르게 해 그 변수 요인이 결과를 변화시키는지 분석하는 것이다. 그 변수가 결과에 영향을 주는 것으로 분석되면 그 변수를 조절해 결과값을 예측할 수 있다.

회귀 분석은 과거 데이터로부터 원인 변수와 결과 변수의 상관 관계를 분석한다. 둘 간의 상관 관계를 함수식으로 만들어 원인 변수를 변경했을 때, 어떤 결과(종속 변수라고 한다)를 얻을 수 있을지 분석하는 방법이다. 원인이 되는 변수가 두 개 이상이 되면 함수식을 발견하기가 쉽지 않기 때문에 AI 기술을 활용해 분석한다. 회귀 분석을 하면 어떤 변수 요인이 결과에 더 큰 영향을 주는지 독립 변수들의 상대적 영향력을 비교할 수 있다.

요인 분석은 결과에 영향을 미치는 다양한 변수와 요인 간의 상관관계를 구해 다수의 변수를 소수의 요인으로 축약할 수 있다. 요인 분석 결과는 다수 변수에 대한 자료로부터 축약된 요인을 확보하는데 거칠 수 있으나, 분석 결과를 회귀 분석 혹은 판별 분석 같은 추가적인 분석에 사용해 미래를 예측하는 데 활용할 수 있다. 예를 들면, 상품 구매에 영향을 주는 여러 변수(품질, 가격, 가치, 환불, 구매의 용이성, 브랜드 인지도, 배달 등)의 상관 관계가 있는 요인으로 품질, 신뢰성, 편의성으로 축약할 수 있다.

판별 분석은 과거의 데이터를 분석해 종속 변수를 분류할 때 판별식을 만들어 새로운 데이터가 어느 그룹으로 분류될 수 있는지를 판별하는 방법이다. 예를 들면, 상품의 다양한 속성에 대한 고객의 평가 점수를 독립 변수로 해 구매 여부를 종속 변수로 분석한다. 새로운 고객의 속성 평가 점수가 있으면 고객이 어느 그룹에 속할 것인지를 예측해볼 수 있다.

군집 분석은 다수 대상의 특성을 토대로 유사한 대상끼리 그룹으로 묶는 다변량 통계 기법이다. 군집 내의 구성원들은 되도록 유사하게 그리고 군집 간에는 가급적 상이하게 대상들을 그룹 지어 군집의 구조를 평가할 수 있다. 판별 분석은 집단이 특성에 따라 미리 나누어져 있는데, 반해 군집 분석은 사전에 집단이 나누어져 있지 않아 여러 변수의 특성을 비교해 유사한 대상들끼리 집단화한다.

수학의 학습 동기, AI 솔루션

닉 폴슨과 제임스 스콧이 공동 저술한 《수학의 쓸모》에는 불확실한 미래에서 보통 사람들도 답을 얻는 방법으로 수학을 소개하고 있다. 베이즈 규칙, 제곱근 규칙, 드무아브르 방정식 등 수학이 추천 시스템, 의료 진단, 챗봇 등 AI 서비스에서 어떻게 이용되고 있는지 설명하고 있다. 저자들은 '수학 기호 하나에 3천 명의 독자가 떨어져 나가고, 그리스 문자 하나에 5천 명의 독자가 떨어져 나간다'고 했지만, 문과 출신도 어렵지 않게 AI 기술과 관련된 수학을 쉽게 이해할 수 있다고 소개하고 있다.

AI 알고리즘을 만들기 위해 AI 학습 모형에 제공하는 입력을 숫자의 집합으로 표현하는 데는 수학을 활용한다. 복잡한 계산이 아니다. 자연과 사회 현상을 수를 통해 예측하기 위해 함수식을 만드는데 필요한 수학의 개념을 이해하는 정도면 AI 기술을 활용할 수 있다. 본 책에서는 수학의 이론을 다루지 않는다. 수학에 미리 질려버려 AI 공부를 포기할 수도 있기 때문이다. AI 솔루션을 활용해 실재 산업 현장의 데이터의 상관 관계를 예측하는 데 관심을 가지면 정규화, 표준화, 조건부 확률, 사후 확률, 베이즈 정리, 제곱근의 정리, 드무아브르 방정식 등 AI와 관련된 수학에 대한 학습 동기가 생길 것이다. 그때가 수학을 공부할 타이밍이다. 공부도 다 때가 있다는 말이 있지 않은가.

수학을 이용해 무엇을 할 수 있는지 알게 되면 수학에 대한 흥미가 생긴다. 수학에 대한 흥미가 생기면 수학을 더 빨리 이해하고 활용할 수 있다. 직감에 의존해서 결정을 내리기보다는 수학을 이용해 의사 결정을 하면 더 나은 결정을 할 수 있다. 수학을 두려워할 필요가 없다. 수학을 너무 어렵게 배워서 그렇게 되었다. AI 시대에서 성공하려면 수학과 친해지자.

2
AI 시대의 노다지, 데이터

좋은 데이터의 중요성

2016년, 국내병원들은 IBM의 의료 AI 솔루션인 '왓슨'을 앞 다투어 도입했다. 그러나 왓슨은 백인들의 데이터로 학습을 했기 때문에 제대로 된 성능을 보이지 않았다. 이처럼 AI 시대에서 데이터는 그 중요성을 아무리 강조해도 지나치지 않다. 쓰레기를 넣으면 쓰레기가 나오는 것처럼 AI 알고리즘에 입력하는 데이터가 잘못되어 있으면 그 결과는 뻔하다.

국내 최초로 출시된 챗봇 서비스 '이루다'가 성차별적 편향성과 개인정보 유출 문제로 서비스 시작 2주 만에 서비스를 중단해 화제가 되었다. AI 기술이 AI 훈련에 사용된 원시 데이터의 내용과 품질에 전적으로 의존했기 때문이다.

해외에서도 아마존의 채용 전문 AI가 남성 선호 문제를, 구글의

AI 포토 서비스는 흑인을 고릴라로 인식하는 인종차별 논란을, 2016년 마이크로소프트의 챗봇 '테이'는 욕설과 인종 차별 논란을 겪었는데, 이는 모두 AI가 학습하는 데이터의 내용과 품질이 얼마나 중요한지 역설하고 있다.

데이터는 AI 개발자가 만들어내는 것이 아니다. 개인, 가계, 공장 등에서 매 순간 만들어진다. 사물을 유·무선 통신망으로 연결하고, 사람의 개입 없이 센서에서 발생하는 실시간 데이터를 인터넷으로 송수신하는 사물 인터넷을 통해 엄청난 양의 데이터가 생성되고 있다. 그러나 AI가 제 기능을 하려면 양질의 데이터가 필요하다. 좋은 데이터로 학습해야 좋은 AI 모델을 만들어내기 때문이다. AI는 만물박사가 아니다. 데이터가 없으면 아무것도 할 수 없다.

플랫폼 사업자들이 회원의 개인정보를 상업적으로 활용했다. 빅데이터 수집이라는 명목으로 무분별하게 소비자의 개인정보를 이용하고 유출하는 문제가 발생했다. 기업에는 개인정보 활용과 관련한 여러 규제와 의무가 부과된다. 개인정보와 관련한 데이터를 활용한 새로운 서비스를 만들어내는 데는 한계가 있다.

데이터를 활용한 산업 혁신을 촉진하기 위해 정부는 2020년에 〈개인정보보호법〉, 〈정보통신망 이용촉진 및 정보보호 등에 관한 법률〉, 〈신용정보의 이용 및 보호에 관한 법률〉을 개정한 이른바 '데이터 3법'을 시행했다. 데이터 3법 시행으로 생년월일, 이름, 주민등록번호 등 개인의 민감 정보를 가린 가명 정보를 특정 목적에만 정보 주체 동의 없이 활용할 수 있게 됐다. AI 기술 고도화에 필요한 다양한 빅 데이터를 활용할 수 있도록 AI 산업의 기반을 구축한 것이다. 양질의 학습 데이터를 통해 AI 기술의 고도화가 가속화될 것이다.

정부는 데이터를 생산·수집·가공하는 등 데이터를 광범위하게 활용하는 디지털 뉴딜 정책을 범국가적 프로젝트로 진행하고 있다. 데이터 댐 사업으로 2020년에 기업, 대학, 병원 등 총 674개 기관이 참여해 170종 4억 8천만 건의 대규모 AI 학습용 데이터를 구축했다.

이 데이터는 AI 허브(http://aihub.or.kr/)를 통해 일반에게 공개된다. 음성 및 자연어, 헬스 케어, 자율주행, 비전, 국토환경, 농수축산, 안전 분야의 AI 학습 데이터는 AI 개발자가 다양한 서비스를 개발하는데 활용되어 국민 생활의 향상과 국민 경제의 발전에 기여할 것이다.

'마이데이터'란 개인이 자기 정보를 종합해 관리·통제하며 이러한 정보를 신용이나 자산 관리 등에 능동적으로 활용하는 일련의 과정이다. 정부는 여기저기 흩어져 있는 개인 데이터를 모아 새로운 맞춤형 서비스를 제공하는 마이데이터 실증 지원 사업도 추진하고 있다. 또한, 데이터 공급자와 수요자 간 데이터 조회, 계약, 결제 등을 돕는 '금융 데이터 거래소'를 운영하고 의료·금융·공공·교통·생활·소상공인 등 6개 분야에서 8개 마이데이터 실증 서비스를 추진 중이다.

마이데이터를 이용함으로써 각종 기관과 기업에 분산된 자신의 정보를 한꺼번에 확인할 수 있으며, 업체에 자신의 정보를 제공해 맞춤 상품 혹은 서비스를 추천받을 수 있다. 개인은 자신의 데이터를 플랫폼에 제공하는 대가로 포인트 등 보상을 받을 수 있고 기업은 이를 활용해 맞춤형 추천 서비스를 개발한다. 이런 데이터 지원 사업을 통해 환자 맞춤형 서비스를 제공하거나 공공 서류 행정 서비스를 간편하게 하는 등 국민의 편리를 증진하고 새로운 부가가치를 생산하는 서비스가 창출될 것이다.

기업들이 개인정보를 이용할 수 있게 되면서 통신사와 금융 정보를 결합해 분석해서 통신 요금을 잘 낸 사람이 대출금을 잘 갚는 것을 파악하기도 하고, 가명의 사망 정보와 암 정보를 결합해 암 치료 효과를 분석하거나, 합병증, 만성 질환 예측 모델을 만들기도 했다. 데이터 3법 시행 이후 익명 처리된 가명 정보를 결합해 새로운 데이터를 만든 사례가 1년 만에 100건이 넘는다고 한다.[22]

AI 모델보다 더 중요한 데이터

분석 대상에 따라 AI 모델을 만드는데 수억 원이 드는 일도 있다. 회사가 데이터를 보유하고 있는 경우도 있지만, 많은 경우 AI 모델 학습을 위해 외부에서 데이터를 사 와야 하는 경우가 많다. 데이터를 AI가 학습할 수 있는 수준으로 전처리하는 비용도 만만치 않다. 전체 AI 기술적용 프로젝트 비용의 약 70% 정도가 데이터 확보 및 전처리 비용이라고 하니 데이터가 AI 기술 적용의 핵심이라 할만하다. 따라서 AI 기술 적용을 고려할 때는 쉽게 구할 수 있는 데이터로 AI 모델 구현이 가능한지를 먼저 검토해야 한다. 아무리 우수한 AI 모델을 개발하더라도 개발에 투자한 비용이 AI 모델로 얻는 이익보다 크다면 아

---

22   <우려와 기대 '데이터 3법' 시행 1년…변화는?> <KBS뉴스> (2021.07.28.)

노코딩 AI

무 소용이 없기 때문이다.

　디지털 기반의 사회가 현실화하면서 산업 데이터의 경제적·사회적 가치가 치솟고 있다. 우리나라는 통신 네트워크가 잘 발달해 있고, 디지털화한 기업이 많아 다양한 생산 공정·환경 데이터를 수집할 수 있는 환경이 잘 조성되어 있다. 그러나 산업 데이터는 기업 영업 비밀로 과도하게 보호되어 산업계에서 데이터를 활용한 부가가치를 증대시키는 데 어려움이 있다. 그러나 산업 데이터의 객관적 가치평가 및 데이터의 품질을 정부가 인정해주는 〈데이터산업법〉이 2021년 10월 제정됨에 따라 산업 데이터의 생성과 거래가 활성화될 것으로 전망된다.

　데이터 수집 및 처리 비용 때문에 AI 기술 적용에 대한 투자를 주저하고 있는 기업들도 많다. AI 기술을 활용하기 위한 데이터의 보유 여부를 분석하고 이를 활용해 창출할 수 있는 부가가치에 근거해 AI 기술을 적용하면 큰 투자 없이도 가능하다. 데이터에 대한 이해를 잘하고 있으면 수억 원이 아니라 몇천만 원으로 AI를 활용해 기업의 경쟁력을 높일 수 있다.

　세스 스티븐스 다비도이츠가 저술한 《모두 거짓말을 한다》에서는 데이터의 중요성을 소개하고 있다. 구글이 수집한 빅 데이터를 활용해 사람들이 숨기고자 하는 여러 진실을 사례를 들어 밝힌다. 빅 데이터를 AI로 학습하면 상품을 살 목표 고객을 찾을 수 있고, 목표 고객이 어떤 상품 디자인과 가격 등을 더 좋아하는지 알 수 있어 기업의 경쟁력을 유지할 수 있다고 소개하고 있다.

한편 복잡한 변수가 작용하는 현상이 제한된 데이터로 판단해 주가를 예측하고자 하는 것은 차원의 저주에 해당되어 빅 데이터도 소용이 없다고 고백한다. 편향된 데이터로 학습한 AI가 인간의 선악을 분류하는 것과 같은 윤리적인 문제도 걱정하고 있다. 그런데도 직감에만 의존했던 의사 결정에 비해 빅 데이터에 기반한 더 객관적인 의사 결정은 새로운 부를 창출할 것이다.

일반적인 인식에서는 데이터에 대한 관심이 AI 모델에 비해 낮은 경향을 보인다. 그런데 좋은 데이터 없이는 좋은 AI 모델을 만들기가 어렵다. 산업 현장의 문제와 관련한 데이터가 어떤 것이 있는지 관심을 가져야 한다. 데이터는 어느 한순간에 만들어지지 않는다. 장기적인 AI 기술 적용 계획을 수립하고 차츰 데이터를 쌓는 노력이 필요하다. 코딩을 할 줄 몰라도 AI 솔루션으로 AI 기술을 적용할 수 있지만, 데이터만은 반드시 사용자가 해결해야 한다. 아무리 좋은 칼이 있어도 좋은 재료가 없다면 훌륭한 요리를 만들기 어렵다.

3
상식이 된 AI 지식

AI 관련 국가직무능력표준

전문가들만 알던 AI 용어를 대중도 쓸 정도로 이제 AI는 상식이 되었다. AI가 우리 삶 가까이 들어오면서 대중 매체에서 AI 관련 프로그램을 많이 다루고 있기 때문이다. 엑셀 프로그램이 나왔을 때도 일부 사무직 근로자들만 사용했지만, 이제는 학교 과제로 엑셀을 쓰기도 한다. 이처럼 누구나 AI를 사용하게 되는 '1인 1 AI'시대가 올 수도 있다.

상식이 된 AI 지식을 좀 더 체계적으로 정리한 국가직무능력표준이 있다. 국가직무능력표준에서 제시하는 AI 관련 지식은 정보 통신(대분류), 정보 기술(중분류) 아래 소분류로 되어있다. 세분류 아래 각 세분류별로 갖추어야할 능력 단위를 소개하고 있어 AI 기술 적용 프로세스에서 어떤 지식이 필요한지 알 수 있다.

[인공지능 세분류별 능력 단위][23]

AI 플랫폼 구축	AI 서비스 기획	AI 모델링	AI 서비스 운영·관리	AI 서비스 구현
구축 기획	환경 분석	문제 정의	운영계획 수립	서비스 구현요건 분석
요구사항 분석	목표 수립	모델 설계	이용자 관리	상위 설계
플랫폼 설계	요구사항 분석	데이터 확보	운영환경 관리	상세 설계
인프라 구현	모델 설계	데이터 전처리	운영 모니터링	애플리케이션 개발
기능 구현	시나리오 기획	데이터 특징추출	운영 품질 관리	모델 적용
인터페이스 구현	서비스 활용기획	모델 학습	운영 장애 관리	인터페이스 개발
지식화 구현	실행 계획 수립	모델 선정	운영 수준 관리	서비스 테스트
플랫폼 테스트	서비스 평가 기획	모델 관리	운영 개선 관리	서비스 이행
품질 관리				

국가직무능력표준은 AI 인재가 갖추어야 할 역량에 대해 업무 프로세스별로 경력에 따라 필요한 지식을 제시하고 있다. AI 기술 적용에 있어서 전체 프로세스에 관해 대략적인 이해를 하면 자신이 어떤 직무에 맞는지 결정할 수 있다.

이 책에서는 AI 기술을 적용하는 전반적인 프로세스에서 알아야 하는 지식을 상식적인 수준으로 소개한다. 업무 프로세스별로 갖추어야 하는 모든 지식을 한 번에 갖추기는 쉽지 않다. 상식적인 수준에서

---

[23] www.ncs.go.kr

노코딩 AI

먼저 이해하고, 자신이 잘할 수 있는 업무를 선택한 뒤 각 업무에서 요구하는 구체적인 지식을 학습하는 방향으로 추진하는 것이 좋겠다.

지금부터는 상식적이라고 할 수 있는 AI 지식을 소개한다. 이 책은 AI 원리와 지식을 이해하는 것보다 AI 솔루션을 이용해 실제로 데이터를 분석하고 알고리즘을 만들어보도록 하는 데 있다. 여기서 소개하는 내용이 지루하거나 어렵다고 생각되면 AI 기술을 소개하는 부분을 참고해 실제 AI 솔루션을 사용해보는 것도 좋다. AI 솔루션을 사용해보면 AI 기술 활용이 그렇게 어렵지 않다는 것을 알 수 있다. 아무리 좋은 지식도 흥미가 생기지 않으면 자기 것이 될 수 없다. 지식은 기술을 먼저 사용해보고 나중에 관심이 생길 때 학습해도 늦지 않다.

머신 러닝

머신 러닝이란 AI를 구현하는 방식 중 하나로서 기계가 입력된 방대한 데이터를 기반으로 스스로 패턴을 찾아 AI 모델을 만드는 기술이다. 이렇게 만든 AI 모델에 실전 데이터를 입력하면 예측과 분류와 같은 분석을 할 수 있다. 머신 러닝 알고리즘은 학습의 과정에 따라 지도 학습, 비지도 학습, 강화 학습으로 나눌 수 있다.

지도 학습
지도 학습supervised Learning은 과거의 데이터에서 정답과 오답을 분류할 수 있어 머신 러닝 알고리즘에 정답과 오답을 알려주면서 학습을 진행하는 방식이다. 즉, 기계가 이미 정답이 정해져 있는 데이터를 바탕으로 해 사람이 원하는 정답의 방향으로 학습을 진행한다.

지도 학습은 다량의 데이터가 제공될수록 더 효율적인 학습이 이루어진다. 이러한 지도 학습으로 수행하는 대표적인 문제는 분류와 회귀 문제다. 그리고 지도 학습을 통해 신경망을 학습할 수 있을 뿐만 아니라 의사 결정 트리Decision Tree, 앙상블Ensemble, 부스팅Boosting 등 다양한 머신 러닝 알고리즘을 쉽게 구축할 수 있다.

비지도 학습

비지도 학습Unsupervised Learning은 지도 학습과 달리 정답이 없는 데이터를 가지고 학습하는 방식이다. 정답이 없는 데이터 집합에서 데이터의 특성을 분석해 군집, 차원 축소와 같은 학습을 한다. 이러한 학습을 통해서 데이터 집합의 숨겨진 패턴을 찾을 수 있다.

특히 비지도 학습에서는 데이터의 발생 환경이나 테스트 환경 등이 일관되지 않으면 정확한 학습이 이루어지기 어렵기 때문에 정확한 학습 환경을 마련하는 것이 중요하다. 지도 학습과 비교하면 비지도 학습은 더 어렵고 예측 결과가 불확실할 수 있으나 정답 데이터를 제공하지 않아도 되고, 인간이 판단하기 어려운 숨겨진 데이터의 특성들을 찾을 수 있는 장점이 있다. 비지도 학습으로 수행하는 대표적인 문제는 군집화와 차원 축소이다.

강화 학습

강화 학습Reinforcement Learning은 학습 과정에서 정답을 도출할 때

보상을 주어 정답을 도출할 가능성을 높이는 학습 방법이다. 예를 들어, 교실에서 선생님이 학생에게 직접 정답을 가르쳐주지 않고 학생이 잘했을 때만 칭찬하는 것과 비슷하다. 강화 학습에서 보상은 가중치 weights를 높여 주는 방식으로 반영되어 수학적 계산식에 따라 경험치를 높이고, 최적화 성능을 향상한다.

딥 러닝과 인공 신경망

인공 신경망은 사람의 뇌에서 뉴런이 작동하는 원리에서 착안해 병렬로 작동하는 여러 계층의 노드(또는 뉴런)를 사용해 일을 배우고, 패턴을 인식해 사람과 유사한 방식으로 의사 결정을 내리는 컴퓨터 프로그램이다.

딥 러닝은 여러 층의 뉴런과 방대한 데이터를 포함하는 심층적인 신경망이다. 이 고차원의 머신 러닝은 복잡하고 비선형적인 문제들을 해결할 수 있으며 자연어 처리, 개인 디지털 도우미 및 자율 운전 자동차 등 혁신적인 AI 기술에 적용된다.

인공 신경망은 생물학적 신경망의 수학적 모델이다. 이는 시냅스의 결합으로 네트워크를 형성한 인공 뉴런이 학습을 통해 시냅스의 결합 세기를 변화시켜 문제 해결 능력을 갖추는 비선형 모델이라고 볼수 있다. 인공 신경망은 계산을 수행하는 노드와 노드 간의 신호를 전달하는 연결선으로 구성된다. 이 노드 중 일부는 입력을 받고, 또 다른 일부는 출력을 내보내 전체 인공 신경망은 입력과 출력을 연결하는 함수라고 볼 수 있다.

인공 신경망 내 활성화 함수는 생물학적 신경세포의 흥분이 임계점threshold을 넘길 때, 전기적 충동을 발사하는 현상을 흉내 내도록 설계되어 있다. 쉽게 예를 들면, 뜨거운 물체를 만졌을 때 주변의 세포가 '뜨겁다'라고 뇌에 신호를 보내는 것과 같다. 세포가 '뜨거운'점을 느끼는 임계점을 넘어가게 되면 신호를 보내는 것과 같다. 자주 사용되는 활성화 함수로는 계단 함수, 시그모이드sigmoid 함수, ReLU가 있다.

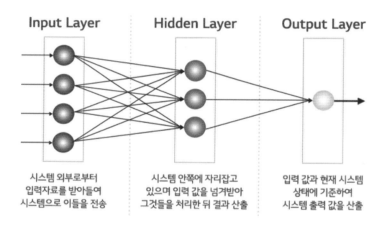

인공 신경망의 구조

일반적으로 사용되는 기본적인 인공 신경망 알고리즘인 '깊은 인공 신경망'은 입력층input layer, 은닉층hidden layer, 출력층output layer의 세 가지 층으로 구분된다. 특히 은닉층hidden layer의 개수가 2개 이상이 되면 깊은 인공 신경망이라고 한다. 입력층의 노드에 주어진 입력 정보는 망 안쪽에 있어 노드들의 입출력을 망 밖에서 볼 수 없어 은닉층이라 불리는 노드로 전달된다. 은닉층에서 주어진 정보를 처리해 출력층을 구성하는 노드에 정보를 전달하고 마지막으로 출력층이 정보를 출력한다.

딥 러닝은 음성 인식, 이미지 식별 또는 예측 등 특정 분야에서 인간의 작업을 대신 수행하도록 컴퓨터를 학습시키는 머신 러닝이다. 데이터가 사전 정의된 방식을 통해 실행되도록 구성하는 다른 기술과 달리 딥 러닝은 데이터에 대한 기본 매개 변수를 설정하고 컴퓨터가 여러 처리 계층을 이용해 패턴을 인식함으로써 스스로 학습하도록 훈련하는 기술이다. 사람이 직접 데이터의 특징feature들을 전처리하고 선택하는 머신 러닝 기법과 달리 딥 러닝은 컴퓨터가 신경망의 구조를 통해 자동으로 특징을 잡아낸다.

즉, 머신 러닝은 인간이 알려준 정답에 의해 학습한 알고리즘이지만 딥 러닝은 알고리즘을 계층으로 구성해 자체적으로 배우고 지능적인 결정을 내릴 수 있는 인공 신경망을 만든다. 따라서 머신 러닝은 데이터 사이언티스트사람의 역량에 따라 모델의 성능이 차이가 나지만, 딥 러닝은 사용하는 데이터가 적합하다면 모델의 성능이 일관성을 보인다.

딥 러닝의 대표적인 예는 알파고다. 알파고의 딥 러닝 모델은 표준 머신 러닝 모델과는 달리 특정 동작을 수행해야 할 시점을 알려주지 않고도, 전문적인 플레이어와 대결해 인공 지능에서는 전혀 볼 수 없었던 수준에서 플레이하는 방법을 배웠다. 기계가 게임의 복잡한 기술과 추상적인 측면을 파악해 최고의 인간 플레이어를 이긴 것이다.

딥 러닝의 가장 보편적인 응용 분야는 다음과 같다.

음성 인식

기업계와 학계 모두 음성 인식에 딥 러닝을 적용하고 있다. 예를 들면 엑스박스Xbox, 스카이프Skype, 구글 어시스턴트Google Assistant, 애플의 시리Siri의 경우 사람의 말과 음성 패턴을 인식하도록 딥 러닝 기술을 적용하고 있다.

자연어 처리

딥 러닝의 핵심 구성 요소인 인공 신경망은 수년 전부터 문자 언어를 처리하고 분석하는 데 사용되었다. 텍스트 마이닝을 전문으로 하는 이 기술은 고객 불만 기록이나 진료 기록 또는 뉴스 보고서에서 패턴을 발견하는 데 이용할 수 있다. 게다가 우리가 자주 사용하는 구글 번역, 네이버의 파파고 역시 자연어 처리가 적용된 딥 러닝 기술의 대표적인 사례다.

추천 시스템

아마존, 넷플릭스, 유튜브, 쿠팡은 과거 행동을 토대로 고객이 다음에 관심을 보일 것으로 예상하는 제품이나 콘텐츠를 높은 확률로 맞추는 추천 시스템이라는 개념을 대중화했다.

딥 러닝을 이용하면 선호하는 음악이나 의류, 쇼핑과 같은 복잡한 환경에서 여러 플랫폼에 걸쳐 추천 기능을 개선할 수 있다. 소위 유튜브 알고리즘이라는 것도 딥 러닝의 추천 시스템이 적용된 예시다.

컴퓨터 비전(이미지 분야)

사람의 시신경 구조를 연구해 만든 인공 신경망 알고리즘은 이미지 분야에서 높은 성능을 보이고 있다. 사람의 시야는 뉴런 수용 영역 receptive field이 겹치고 모여 전체 시야를 이룬다. 또 저수준의 패턴edge, line들이 조합되어 복잡한 패턴texture을 만드는데, 이를 인공 신경망 알고리즘으로 구현한 것이 CNN 모델Convolutional Neural Networks, 인공신경망이다.

CNN모델은 데이터의 특징을 패턴을 사용하여 분류하여 학습하기 때문에 데이터의 특징을 수동으로 추출할 필요가 없어 자율 주행, 스마트폰의 카메라, 자동차 번호판 자동 인식, 생산 공정에서의 불량품 검출 등에 많이 사용된다.

알아두면 좋을 AI 기술 개념

합성곱 layer

합성곱 layer는 CNN 알고리즘의 가장 핵심적인 개념이다. 합성곱은 포유류의 시각 피질에서 착안 되었다. 우리는 어수선한 장소에 있는 컵을 인식하는 데 큰 불편함을 느끼지 않는다. 그 이유는 시각 피질에 있는 10억 개의 뉴런들이 0.1초 안에 병렬로 작동해 식별할 수 있기 때문이다. 이전에 보지 못했던 특수한 재질, 모양의 컵이라고 해도 '컵'이라고 식별하는 것에 큰 어려움을 느끼지 않는다.

시각 피질과 유사한 합성곱 Layer는 입력한 이미지에 대한 특징을 추출하는 필터와 이 필터의 값을 비선형 값으로 바꾸어 주는 활성화 함수Activation Function로 이루어져 있다.

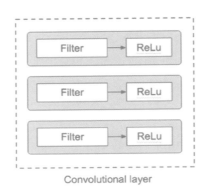

필터와 Activation함수로 이루어진 합성곱 layer

필터

필터는 그 특징이 데이터에 있는지 없는지를 검출하는 함수다.

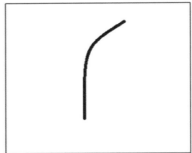

0	0	0	0	0	30	0
0	0	0	0	30	0	0
0	0	0	30	0	0	0
0	0	0	30	0	0	0
0	0	0	30	0	0	0
0	0	0	30	0	0	0
0	0	0	0	0	0	0

Pixel representation of filter

Visualization of a curve detector filter

곡선을 검출하는 필터를 구현하게 되면 위의 왼쪽 그림처럼 행렬로 만들어진다. 쥐의 뒤 사각형 내 이미지 역시 아래와 같이 행렬로 변환된다.

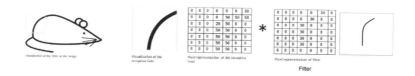

쥐 그림에서 왼쪽 위 이미지를 잘라내 필터를 적용한 결과다. 잘라낸 이미지와 필터를 곱하면 아래와 같이 6,600의 매우 큰 결과값(행렬연산)을 가진다.

Multiplication and Summation=(50*30)+(20*30)+(50*30)+(50*30)+(50*30)
=6,600

만약에 쥐 그림 앞부분의 사각형 내 곡선이 없는 부분에 같은 필터를 적용해보면 결과값이 0에 수렴한다.

Visualization of the filter on the image   Pixel representation of receptive field   Pixel representation of filter

즉, 필터는 입력 데이터에서 그 특성이 있으면 큰 결과값이 나오고, 특성이 없으면 결과값이 0에 가까운 값이 나와서 데이터가 그 특성을 가지는지 여부를 알 수 있다. 입력 값에는 여러 가지 특징이 있으므로 하나의 필터가 아닌 여러 개의 다중 필터를 같이 적용하게 된다.

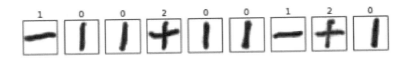

위의 그림 데이터에서 세로선 패턴이 있는지 파악하기 위해 먼저 세로선 필터를 적용하면 아래와 같은 결과가 나온다.

가장 왼쪽 첫 번째 상자는 필터이며, 두 번째 상자부터 보면 이미지에 세로선이 없는 경우 결과 이미지에 출력이 없고, 세로선이 있는 경우에만 결과 이미지에 세로선이 나타나는 것을 확인할 수 있다. 마찬가지로 이미지에 가로선 필터를 적용하면 아래와 같다.

각기 다른 특징을 추출하는 필터를 조합해 네트워크에 적용하면 해당 이미지가 어떤 형태의 특징이 있는지 파악할 수 있다. 아래는 특정 이미지에 세로선과 가로선 필터를 조합해 적용한 결과다.

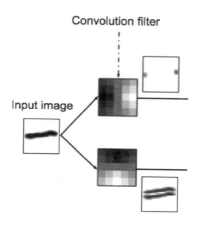

그러면 이런 질문을 생각해볼 수 있다.

1. 이 필터를 어떻게 원본 이미지에 적용할까?
2. 큰 사진 전체에 하나의 큰 필터 하나만을 적용할까?

아래 그림처럼 5×5 원본 이미지가 있을 때 3×3 사이즈의 필터를 왼쪽 위에 적용해 특징을 추출하면 4의 값(1x1+0x1+1x1+0x0+1x1+1x0+0x1+0x0+1x1)을 얻는다. 왼쪽 위에서 한 칸씩 이동하여 필터를 적용해서 얻어낸 결과 행렬을 Feature map 또는 Activation map이라고 한다. 이렇게 필터를 적용하는 간격 값을 stride라고 한다.

Image   Convolved
                Feature

5×5 원본 이미지가 3×3 Filter Size의 1 stride 값을 가지고 적용되었을 때 필터를 적용한 후의 결과 이미지 값은 3×3으로 필터 적용 전보다 크기가 작아졌다.

그런데 CNN 네트워크는 하나의 필터 레이어가 아니라 여러 단계에 걸쳐서 계속 필터를 연속적으로 적용해 특징을 추출해 최적화한다. 필터 적용 후 결과값이 작아지면 처음에 비해서 특징이 많이 유실될 수가 있다. 필터를 적용할 때 충분히 특징이 추출되기도 전에 결과값이 작아지게 되면 많은 특징이 유실된다. 이를 방지하기 위해 padding이라는 기법을 사용한다. padding은 결과값이 작아지는 것을 방지하기 위해서 입력값 주위로 0 값을 넣어 입력값의 크기를 인위적으로 키워서, 결과값이 작아지는 것을 방지하는 기법이다.

다음 그림을 보면, 32x32x3(width, height, channels. 여기서 channels는 이미지의 Red·Green·Blue 즉 RGB값을 의미) 입력값이 있을 때, 5x5x3 필터를 적용하면 결과값인 feature map의 크기는 28x28x3이 된다. 이렇게 사이즈가 작아지는 것을 원하지 않았다면 padding

노코딩 AI

을 적용하는데, input 값 주위로 0을 둘러쌓아 결과값이 작아지고 feature가 소실되는 것을 막는다.

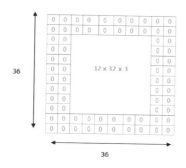

The input volume is 32 x 32 x 3. If we imagine two borders of zeros around the volume, this gives us a 36 x 36 x 3 volume. Then, when we apply our conv layer with our three 5 x 5 x 3 filters and a stride of 1, then we will also get a 32 x 32 x3 output volume.

32x32x3 데이터에 폭이 2인 padding을 적용한 예

32x32x3 입력값 주위로 2 두께로 0을 둘러싸 주면 36x36x3 이 되고 5x5x3 필터를 적용하더라도, 결과값은 32x32x3으로 유지된다.

Padding은 결과값이 작아지는 것을 막아서 특징이 유실되는 것을 막는 것뿐만 아니라 과적합도 방지하게 된다. 원본 데이터에 0 값을 넣어서 원래의 특징을 희석해 버리고, 이것을 기반으로 머신 러닝 모델이 Training 값에만 정확하게 맞아 들어가는 과적합 현상을 방지하게 된다.

합성곱 신경망에서 사용되는 이런 필터는 데이터를 모델에 넣어 학습시키면 자동으로 학습 데이터에서 특징을 인식하고 필터를 만들어 내게 된다.

활성화 함수Activation Function

필터들을 통해서 Feature map이 추출되었으면, 여기에 Activation Function을 적용하게 된다. Activation Function의 개념은 앞에서 본 쥐 그림에서 곡선값의 특징이 있는지 없는지 필터를 통해서 추출한 값으로 알 수 있다. 위 사례의 경우 곡선값이 있는 경우 6,000, 없는 경우 0으로 나온다.

이 값이 정량적인 값으로 나오기 때문에 그 특징이 '있다, 없다'의 비선형 값으로 바꾸어 주는 과정이 필요하다. 이것이 바로 Activation Function의 기능이다.

뉴럴 네트워크신경망나 합성곱 신경망은 Activation 함수로 Sigmoid 함수를 잘 사용하지 않고, ReLU 함수를 주로 사용한다. ReLU 함수를 사용하는 이유는 뉴럴 네트워크에서 신경망이 깊어지면 깊어질수록 학습하기가 어렵기 때문에 전체 레이어를 한 번 계산한 후, 그 계산 값을 재활용해 다시 계산하는 Back propagation(역전파기법)이라는 방법을 사용하기 때문이다.

Sigmoid 함수를 Activation 함수로 사용하면, 레이어가 깊어질수록 gradient vanishing(값을 뒤에서 앞으로 전달할 때 입력층에 가까운 층들에서 가중치가 사라지는 현상)이 발생해 Back propagation이 제대로 작동하지 않아 ReLU 함수를 사용한다. ReLU 함수는 다른 활성화 함수와 비교해서 간단하고 사용이 쉽기 때문이다.

은닉층이 많은 모델에서 학습이 잘 되지 않는 gradient vanishing 현상을 해결하기 위한 Leaky ReLU, ELU, SeLU 함수도 좋은 대안이

노코딩 AI

다. 그러나 Sigmoid 함수는 기울기 손실 등의 단점이 있으므로 최근에는 잘 사용되지 않으며, tanh 함수 또한 성능이 잘 나오지 않아 많이 사용되지 않는다.

풀링Sub Sampling or Pooling

합성곱 layer를 거쳐서 추출된 특징들은 필요에 따라서 서브 샘플링sub sampling을 한다. 모든 특징을 다 고려해 판단하면 컴퓨팅 용량의 손실이 생기고 특징들을 잘 잡아낼 수 없다. 합성곱 layer를 통해서 어느 정도 특징이 추출되었으면 서브 샘플링을 통해 얻은 특징을 이용해 판단한다.

서브 샘플링은 여러 가지 방법이 있다. 대표적으로 Max Pooling, Average Pooling, L2-norm Pooling 등이 있고 그중에서 Max Pooling맥스 풀링이라는 기법이 가장 많이 사용되고 있다.

Max Pooling

Max Pooling은 Feature/Activation map을 M*N의 크기로 잘라낸 후, 그 안에서 가장 큰 값을 뽑아내는 방법이다. 아래 그림은 4x4 Activation map에서 2x2 Max Pooling Filter를 stride 2로 해 2칸씩 이동하면서 Max Pooling을 한 예시인데, 좌측 상단에서는 6이 가장 큰 값이기 때문에 6을 뽑아내고, 오른쪽 위에서는 2, 4, 7, 8 중 8이 가장 크기에 8을 뽑아낸다.

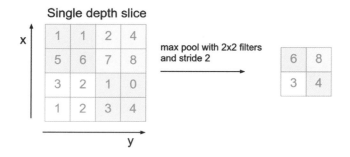

Single depth slice

x

1	1	2	4
5	6	7	8
3	2	1	0
1	2	3	4

max pool with 2x2 filters
and stride 2

| 6 | 8 |
| 3 | 4 |

y

이런 샘플링으로 얻을 수 있는 장점은 다음과 같다.

- 전체 데이터의 사이즈가 줄어들기 때문에 연산에 들어가는 컴퓨팅 리소스가 적어진다.
- 데이터의 크기를 줄이면서 소실이 발생하기 때문에, 과적합을 방지할 수 있다.

Fully Connected Layer(완전 연결 계층)

합성곱 layer에서 특징이 추출되었으면 이 추출된 특징값을 기존의 뉴럴 네트워크에 넣어서 학습을 진행한다. 학습 결과 CNN의 최종 네트워크 모양은 다음과 같다.

[CNN 네트워크의 모양]

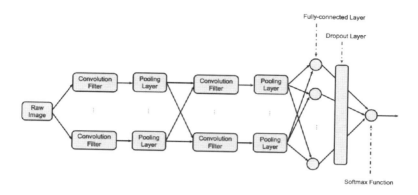

Dropout

위 CNN 그래프에서 특이한 점 중 하나는 Fully Connected Layer 와 Softmax Function다중 레이블을 분류하는 함수 중간에 Dropout Layer드롭 아웃라는 계층이 있는 것을 볼 수 있다. Dropout은 과적합을 막기 위한 방법 중 하나로 신경망이 학습 중일 때, 랜덤하게 뉴런을 꺼서 학습을 방해함으로써 신경망이 너무 학습 데이터에만 치우치게 되는 것을 막 아준다. 신경망이 학습 데이터를 암기하는 것이 아니라 유연성을 주 는 것이다.

[Droupout을 적용한 네트워크]

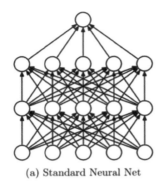
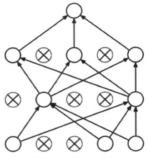

(a) Standard Neural Net   (b) After applying dropout.

일반적으로 CNN에서는 이 Dropout Layer를 Fully Connected Layer 뒤에 놓지만, 상황에 따라서는 Max Pooling 계층 뒤에 놓기도 한다.

지금까지 CNN을 구성하는 필수 개념 요소들에 대해서 살펴보았다. 위의 개념만으로는 CNN을 잘 학습할 수 없다. 훈련 데이터에만 사용할 수 있는 유연성 없는 모델만 만들어지기 때문이다. 딥 러닝의 성능, 모델 수렴 속도 등을 개선하기 위해 아래와 같이 다양한 기법을 시도한다.

하이퍼 매개 변수Hyper parameter

딥 러닝 모델을 학습시키는 것은 산 정상에서 하산을 위한 최적의 방향과 시간을 찾아가는 것과 비슷하다. 딥 러닝은 학습 과정 속 은닉 층 안의 뉴런들이 모두 연결이 되었으며, 각 뉴런 사이의 최적 가중치를 찾는다. 앞서 설명한 Back Propagation은 최적의 가중치를 찾기 위해 신경망의 앞으로 거꾸로 미분을 진행하며 최적 가중치의 기울기를 찾아가는 기법이다. 이런 과정들을 가능하게 하는 변수들을 하이퍼 매개 변수Hyper-parameter라고 한다. 매개 변수는 모델 안에 있는 변수로 우리가 변경할 수 없는 변수를 의미하고, 하이퍼 매개 변수는 우리가 변경해 모델의 매개 변수의 변환에 영향을 끼치는 변수이다. 다음과 같은 하이퍼 매개 변수가 있다.

Batch Size

Batch의 사전적 의미는 '집단, 묶음'이다. 딥 러닝에서 Batch의 의미는 몇 개의 데이터를 한 묶음으로 보고, 모델의 가중치를 업데이트시키는 것이다. 예를 들어 총 1,000개의 데이터가 있고, Batch의 크기를 20으로 주면, 20개의 Batch마다 가중치를 한 번씩 업데이트한다. Batch Size를 너무 크게 잡으면 Batch를 한번 돌 때마다 너무 많은 컴퓨팅 리소스를 소모하게 된다. Batch Size가 너무 크면 메모리 부족 문제를 겪게 되므로, Batch Size를 줄여서 훈련 데이터를 더 많은 Batch로 나누어 모델을 훈련하는 것이 좋다. 그런데 또 너무 작으면 가중치를 너무 자주 업데이트하면서 모델 학습이 잘 안 되므로 적절한 값을 찾는 것이 중요하다. 보통 2의 승수로 설정한다.

Epoch

딥 러닝에서의 Epoch는 학습의 횟수이다. 훈련 데이터 셋에 포함되어 있는 모든 데이터 값들이 각각 한 번씩 딥 러닝 모델에 들어

온 뒤 가중치 값을 갱신한다. 예를 들면 1,000개의 훈련 데이터를 가진 딥 러닝 모델에 Batch를 20으로 잡고, Epoch을 10으로 주게 되면 (1,000/20)×10=500번의 가중치를 업데이트하게 되는 것이다.

Optimizer

앞서 언급했듯이 딥 러닝 모델의 학습은 변수마다 최적의 가중치를 찾는 것이다. 정답과의 오차를 줄이기 위해 가중치와 편향값을 업데이트하며 최적의 가중치를 찾는다. 그러나 은닉층의 Layer가 깊어지면 깊어질수록 오차 계산이 복잡하고 시간도 오래 걸린다. 이러한 문제들을 극복하기 위해 사용하는 것이 Optimizer이다.

전체 데이터를 활용해 최적의 값을 찾는 경사 하강법Gradient Descent은 최적의 값을 찾을 수 있으나 학습 시간이 오래 소요되는 문제점이 있다. 미니 Batch로 학습해 학습 속도를 줄이는 Stochastic Gradient Descent(이하 SGD)은 학습 속도는 빠르나 최적의 값을 찾기 위한 방향 설정이 어렵고 미니 Batch의 스텝 사이즈에 따라 학습 시간이 길어지거나, 최적의 값을 찾지 못할 수도 있다. 이러한 문제점을 개선하기 위해 여러 Optimizer가 개발되었다. 최근에는 대부분의 AI 솔루션에서 제공하는 Adam이란 Optimizer를 많이 사용한다.

과적합

딥 러닝 분야에서 모델의 성능을 떨어뜨리는 과적합 문제와 과적합을 방지하는 방법들은 아래와 같다.

딥 러닝에서는 어떤 데이터를 넣어도 일반적으로 잘 들어맞는 모델을 만드는 것이 중요하다. 하지만 모델을 학습할 충분한 데이터를 확보하지 못한다면 모델의 성능을 저해하는 과적합 문제가 쉽게 발생할 수 있다.

[데이터의 양과 알고리즘 에러의 상관관계]

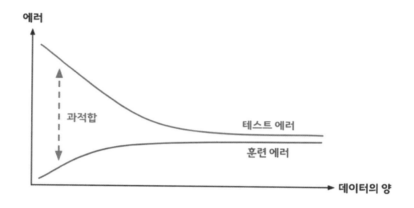

과적합이란, 모델이 학습 데이터에만 지나치게 학습하고 적응해 테스트 데이터나 실제 데이터에는 제대로 성능을 발휘하지 못하는 것이다.

일반적으로 잘 들어맞는 모델을 만들기 위해서는 다양하고 많은 데이터로 모델을 학습하는 것이 중요하다. 하지만 많은 양의 데이터를 확보하는 것이 실제 현장에서는 쉽지 않다. 의료 영상에서 어느 부분이 장기이고 종양인지, 분류하고자 하는 병의 정답 데이터Ground Truth를 획득하는 비용이 많이 들어 다량의 학습 데이터를 구축하기가 쉽지 않다. 이러한 부족한 데이터의 문제를 해결할 방안이 데이터 증강Data Augmentation이다.

데이터 증강

데이터 증강은 적은 양의 학습 데이터에 인위적인 변화를 가해 새로운 학습 데이터를 대량으로 확보하는 방법이다. 현실 세계에서도 실제로 존재할 법한 데이터를 생성함으로써 좀 더 일반화된 모델을 얻는 것을 목표로 한다.

데이터 증강에 사용되는 영상처리 기법에는 무작위로 뒤집기Flip, 회전Rotate, 자르기Crop, 움직이기Shift 등 영상의 물리적 형태를 변환하는 기법부터 역상Invert, 이미지의 히스토그램을 골고루 퍼지게 만드는 Histogram Equalization 등 영상의 색상이나 밝기를 변화하는 기법들까지 다양하게 있다.

노코딩 AI

4

AI 새바람,
디지털 트랜스포메이션

어떤 산업에서 AI가 활용되고 있을까? 정보통신산업진흥원에서는 정부 계획, 국내외 유력 보고서 및 전문가 인터뷰를 통해 AI 기술을 적용할 수 있는 12개 산업 분야를 도출한 바 있다. 농축수산과 제조업뿐만 아니라 대부분의 서비스 산업에 AI 기술은 활용될 수 있는 것으로 조사되었다. 헬스 케어, 금융, 자동차 부문이 AI 기술 적용 가능성이 높은 것으로 조사되었다.

전통 산업이 AI 기술을 활용해 산업을 혁신하고 있다. 인구의 감소로 인해 생산, 물류, 서비스에 투입할 수 있는 인력의 부족이 일어날 예정이고, 소비자 감소에 따른 경쟁이 심화할 것이다. 산업의 혁신 없이는 기업의 생존이 불가능할 것이다.

[AI 활용 산업 순위]24

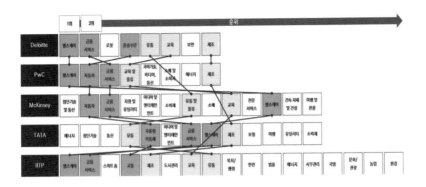

AI 기술의 발전과 더불어 제조, 재무, 의료, 마케팅 및 영업, 정부, 운송 등 다양한 분야에서 머신 러닝을 적용한 디지털 트랜스포메이션을 시도하고 있다. 정형화된 데이터를 생산하고 있는 분야에는 머신 러닝 기술의 활용이 이미 활성화되었다. 비전 분야의 AI 기술은 이미 인간의 시각과 분석 능력을 능가하고 있어 상품의 이미지 데이터를 활용한 품질 검사, CCTV 이미지 데이터를 활용한 보안 및 안전 관리 등에서 AI 기술 적용을 시도하고 있다. 소리와 자연어 기반의 데이터 관련한 AI 기술도 빠르게 발전하고 있어 산업계의 활용이 활성화될 전망이다. 로봇 기술이 발전하면서 AI 기술과 로봇 기술이 융합한 새로운 서비스 산업의 혁신도 일어나고 있다.

AI 기술의 발전이 가속화되고 있어서 산업의 디지털 트랜스포메이션은 거대한 물결이 될 것이다. AI 시대에 기업은 생존을 넘어 지속

24   <국내외 산업분야 ICT 및 AI 융합현황 조사보고서> (정보통신산업진흥원, 2020.12월)

가능한 성장을 위해 디지털 트랜스포메이션을 위한 준비를 서둘러야 한다.

[디지털 트랜스포메이션 사례]

제조	제조 업체는 공장 센서 및 사물 인터넷(IoT)에서 엄청난 양의 데이터를 수집하며 이는 머신 러닝에 이상적이다. 컴퓨터 시각 및 이상 감지 알고리즘은 품질 관리에 활용되며 사전 예방 유지·보수 및 수요 예측부터 새로운 서비스 제공까지 모든 것에 머신 러닝 알고리즘이 활용된다.
재무	대량의 데이터와 이력 레코드가 제공되는 금융은 머신 러닝에 가장 적합한 산업이다. 주식 거래, 대출 승인, 사기 감지, 위험 평가 및 보험 인수에 알고리즘이 활용된다.
의료	머신 러닝 알고리즘은 투자한 시간과 관계없이 연구팀이나 의사들보다 더 많은 데이터를 처리하고 더 많은 패턴을 발견할 수 있다. 사물인터넷(IoT) 기술을 이용해 환자의 건강 상태를 실시간으로 파악할 수 있는 웨어러블(wearable) 장치와 센서 덕분에 의료 산업은 머신 러닝이 빠르게 성장하는 주된 분야가 되고 있다.
마케팅 및 영업	구매자가 좋아할 만한 상품을 추천하는 웹사이트도 머신 러닝을 활용할 수 있다. 과거 구매자의 검색 및 구매 기록을 분석해 상품 추천 및 홍보에 사용할 수 있다. 이렇게 데이터를 포착해 활용해서 쇼핑 경험을 개별화(또는 마케팅 캠페인 실행)하는 추세이다.
정부	공공의 안전을 담당하는 정부 부처와 공공 서비스를 제공하는 기관에서는 다양한 데이터를 가지고 있기 때문에 머신 러닝으로 인사이트를 획득할 기회가 특히 많다. 예를 들어, 센서 데이터를 분석해 효율성을 높이고 비용을 절감할 수 있는 방법을 찾아낼 수도 있고 머신 러닝을 이용해 사기를 감지하고 개인정보 도용을 최소화할 수도 있다.
물류	수익성을 높이기 위해 이동 경로를 효율적으로 배치하고 잠재적인 문제를 예측해야 하는 운송 업계에서도 데이터를 분석해 패턴과 트렌드를 찾아내는 기술이 핵심 기술로 대두되고 있다. 따라서 택배 업체, 대중교통 서비스 및 기타 운송 기업은 머신 러닝의 데이터 분석과 모델링 기술을 중요한 분석 솔루션으로 이용하고 있다.

제조 산업을 혁신하는 AI 기술

코로나19로 인한 비대면 생산 작업의 수요와 ICT 기술의 발전이 맞물리면서 스마트 팩토리 구축 열풍이 거세지고 있다. AI, IoT, 5G 등 ICT 기술이 비약적으로 발전해 스마트 팩토리의 실현 가능성이 커졌기 때문이다. AI를 제대로 활용하면 설계, 생산, 검수까지 전 제조 과정이 최적화되어 막대한 시간과 비용을 절약할 수 있다.

AI 기술은 설비 공정의 이상 탐지, 공장 현장의 작업 일정 관리, 품질 예측 및 검사에 활용된다. 설비 공정 이상 탐지 예측 및 분석 솔루션을 이용하면 설비의 최대 효율 가동 시간을 높여 생산 비용과 시간을 절약할 수 있다.

설비의 유지·보수는 ① 수동적 대응REACTIVE ② 계획적 대응PLANNED ③ 적극적 대응PROACTIVE ④ 예지적 대응PREDICTIVE의 4단계로 나눌 수 있는데, AI를 활용하면 예지적 대응이 가능하다. 수동적 대응은 고장이 발생했을 때 수리하는 방식이고, 계획적 대응은 미리 정해진 시간 기준으로 유지보수를 진행한다. 적극적 대응은 센서를 통해서 조건부 모니터링을 해 유지·보수를 진행한다. 그러나 설비가 고장 나기 전에 미리 대응하는 예지적 대응이 가장 비용과 시간을 절감할 수 있다.

설비에 다양한 센서를 부착해 데이터를 수집하고, 머신 러닝으로 학습한 알고리즘에 의해 엔지니어는 설비의 상태를 미리 모니터링한다. 문제가 있으면 대상 설비를 정비함으로써 생산 공정의 중단을 막는 것이다. 자동화가 가능한 부분에 AI의 도움을 받음으로써 인간은 더 창의적인 일에 집중할 수 있게 된다.

스마트 팩토리를 구현하기 위해서는 다양한 기술이 필요하다. 장비에 각종 센서를 부착해 계측 활동을 해야 한다. 센서로부터 수집한 데이터를 저장하고 관리하는 시스템의 구축도 필요하다. 중소기업이 보유하고 있는 데이터는 활용하기 어려운 경우가 많다. 이미 개발된 솔루션을 활용하면 데이터 수집을 어떻게 하는지, 데이터 전처리는 어떻게 하는지 도움을 받을 수 있다.

설비의 고장을 예측하는 설비 예지는 센서와의 싸움이다. 데이터 수집 단계에서 시작하는 기업은 센싱 기업의 도움을 받을 필요가 있다. 예를 들면, 회전하는 설비의 진동 정보를 받아서 노후화 정도를 분석하고, 진동 데이터값의 크기로 경향성을 파악하거나 스펙트럼으로 정밀한 데이터를 받아서 요소들을 살펴볼 수 있다.

데이터의 불균형과 전산화가 안 되어 있는 경우가 많아 정확도를 알기 어려운 면도 있다. 작업의 내용이 전산화되어야 하는데, 데이터 전산화에 대한 현장의 거부감도 있다. 그래서 자동으로 입력할 수 있는 체계를 만들어줘야 한다.

임계치 예측도 어렵다. 설비가 언제 고장 나는지 예측하는데 중요한 요인인데, 이와 관련한 경험 데이터가 없으면 임계치에 대한 정보의 불확실성으로 인해 AI 기술을 적용하는 데 어려움이 있다. 데이터가 부족한 대부분 현장에는 정상 데이터만 있는 경우가 많다. 이런 경우에는 노이즈 추가, 삭제, 통합으로 부족한 비정상 데이터를 확보할 필요가 있다. GAN을 활용해 예측모델에 대한 정확도를 올리기 위한 활동도 필요하다.

AI 적용 초기 단계에서 데이터를 모으기 시작하는 기업은 설비의 비정상 데이터가 없는 경우가 많다. 이럴 때는 예측 오차가 발생하지만 가지고 있는 데이터로 비지도 학습을 먼저 시작하고, 데이터가 계속 쌓이면 지도 학습으로 AI 기술을 적용한다. 모범답안으로 연습해서 새로운 문제를 푸는 것이다.

고장의 케이스가 많으면 지도학습으로 예측 모델의 성능이 강화된다. 설비의 베어링이 파손되거나 균형이 안 맞거나 윤활유 부족 등을 미리 탐지해 생산 설비의 가동 중단을 사전에 방지할 수 있다.

사람이 작업 방법을 시연하면 AI 로봇은 이를 따라 하려고 노력하는 과정에서 데이터를 수집하고 학습해 상황에 맞는 작업 방식을 배운다. 이런 강화 학습을 통해 인간이 데이터를 입력하거나 별도로 설비를 추가 설치할 필요가 없어 공정 자동화 비용의 약 56~73%를 차지하는 커스터마이징 비용을 대폭 절감할 수 있다. 작업자의 시연을 통해 로봇이 스스로 학습해 작업함으로써 제조업 분야에서 AI 로봇 활용성이 높아진다.

생산 현장의 빅데이터를 활용하면 생산 계획 수립부터 제품 생산까지 연속 공정의 효율을 극대화한다. 12인승 크루즈 선박이 사람의 개입 없이 자율 운항에 성공한 사례도 있다.[25] AI가 선박의 상태와 항로 주변을 분석해 이를 증강현실ᴀʀ 기반으로 항해자에게 알려주기 때문에 자율 운항이 가능한 것이다.

자동차 부품 공장에서 500페이지가 넘는 데이터를 학습한 AI가 오

---

25   <현대重, 국내 최초로 '바다 위 테슬라' 띄웠다…포항운하 10km 완주> <매일경제>(2021.06.16.)

류 발생 조짐을 감지해 생산 공정상의 문제를 즉시 수정한 사례도 있다. [26]

학계에는 다양한 AI 모델이 있다. 따라서 AI 모델에 대한 이해를 기반으로 기업 환경에 맞는 AI 기술을 적용하기 위한 노력을 지속해야 스마트 팩토리 구현에 성공할 수 있다. 스마트 팩토리를 구현하는데 고도의 AI만이 답은 아니다. 룰베이스 기법으로도 모니터링을 시작하고 도메인 지식 기반의 이미 검증된 알고리즘을 같이 사용하는 것이 좋다.

서비스 산업을 혁신하는 AI 기술

은행원 없는 은행

금융 산업에도 AI 기술을 활용해 금융 프로세스를 혁신하거나 새로운 서비스를 선보이고 있다. 금융 산업에서는 주로 투자 대상을 분석하는 데 AI 기술을 활용해오고 있었지만, 최근 고객 발굴, 위험 관리, 고객 관리, 투자 지원 등 금융업 전반에 AI 기술을 활용하려고 진행 중이다.

AI 기술을 활용하면 고객 개인에게 맞춤형 투자 상담을 할 수 있다. AI 기술로 고객의 복잡한 요구 사항을 분석해 대응할 수 있다. 자

---

26   <포스트 코로나대비… 스마트 팩토리 열풍, 더 거세진다> <조선일보>(2021.10.19.)

연어 처리 등 AI 기술은 고객과의 소통 및 자본 시장 거래 감시를 자동화할 수 있다. 머신 러닝을 활용해 주식 시장에 큰 영향을 주는 특정한 패턴을 찾아서 변동성이 큰 금융 시장의 흐름을 예측하는 데 활용할 수도 있다.

AI 기술 활용을 확대하기 위해 금융 산업은 회사 내부 시스템에 AI 기술을 접목하기 위해 기존의 금융 분야 인력은 줄이고 AI 등 소프트웨어 개발 인력의 채용을 늘리고 있다. 최근 금융업계는 데이터 분석가를 영입해 경쟁력을 확보하기 위해 열을 올리고 있다. 수학과 통계를 이용해 투자 모델을 만들고 금융 시장 변화를 예측해 경쟁력을 확보하기 위해서다.

사람이 없는 금융 서비스도 출현하고 있다. 은행과 유통업체가 협력해 전국 편의점에서 모든 금융 서비스를 제공할 예정이다. 말하는 AI 서비스를 적용해 송금, 이체, 대출 상담, 통장 개설 등 고객과 금융 상담을 진행할 수 있기 때문이다. 해외 금융권에서는 이미 AI 활용을 시도하고 있다. 미국 유니콘 기업 레모네이드는 보험 프로세스에 AI 챗봇을 도입해 보험 심사와 견적을 90초 만에 가능하게 해 계약 프로세스를 개선했다.

전통적인 오프라인 금융 창구를 축소하고 디지털 환경을 구축해 혁신하는 사례도 나타나고 있다. 세계적인 금융사 스페인 산탄데르 Santnader 은행은 금융 전문가와 영상 통화가 가능한 ATM을 설치해 금융 서비스를 제공하고, 기존 은행 창구를 협업 장소와 카페 등으로 바꿨다.[27]

---

27 <해외도 금융 점포 대수술...사라지는 금융 창구> <전자신문>(2021.06.21.)

의사와 협력하는 AI

의료 분야에서도 AI 기술을 활용한 새로운 변화의 혁신이 일어나고 있다. 2020년 들어 발생한 코로나19는 의료 분야에서도 AI를 적극적으로 활용하도록 하는 계기가 되었다. AI 기술을 의료 분야에서 활용하면 까다로운 질병 진단부터 특정 질환에 걸릴 위험 예측까지 가능하다.

초기 감염병 예측부터 확진자 동선 파악, 잠재적 감염자 선별, 의료자원 관리부터 치료제와 백신 신약 개발, 비대면 진료의 효율 향상까지 의료 분야 전반에 AI를 활용할 수 있다. 세계보건기구는 EIOS라는 AI 시스템으로 특정 지역의 감염병 유행 정보를 수집해 전 세계 유행 조짐을 예측하고, 각 국가에 의미 있는 정보를 전달하고 있다.

X-ray 영상 사진을 기반으로 코로나19 진단을 보조하기 위한 AI 소프트웨어도 개발되고 있다. AI로 성조숙증, 폐암, 폐질환, 치매, 유방암 등 병을 정확하고 빠르게 진단하는 소프트웨어나 물리치료 같은 치료가 가능한 로봇 기술도 등장하고 있다.

미국의 IBM사가 개발한 AI 프로그램 '왓슨 포 온콜로지Watson for Oncology'는 AI 시스템이 암을 진단하고 치료법을 제안한다. AI를 적용한 의료는 개인의 특성을 반영한 질병 예방 및 예측뿐만 아니라 신속하고 정확한 정밀 진단과 치료까지 가능하게 하므로 가치가 높다.

AI 기술은 예방과 예측, 진단, 치료와 처방 세 단계로 구성되는 의료 프로세스 단계별로 다양하게 적용되고 있다. AI는 유전체 정보, 의료 정보, 생활 습관 정보 등을 분석해 암, 패혈증, 심장병, 성인병 등 향후 발생 가능한 다양한 질병을 예측해 사전에 질병에 대응할 수 있게 한다.

IBM과 온타리오 공과대학, 존스홉킨스 병원 등은 응급실, 중환자실의 환자, 미숙아를 대상으로 패혈증 징후를 예측하는 AI 프로그램을 개발하고 있다.

의료기기 전문 회사인 매드트로닉은 IBM의 AI 기술로 환자의 식습관, 생활 습관, 인슐린 사용 습관 등을 분석해 혈당 변화 추이를 예측하는 혈당 앱을 개발해 당뇨 환자의 혈당 관리를 지원하고 있다.[28] 돌연사의 가장 큰 원인인 심실부정맥을 한 시간 전에 예측하거나 심정지를 하루 전 예측하는 AI 기술도 있다. AI 기술을 적용해 심혈관 질환을 예측하기도 하고 중환자의 사망을 최대 3일 전에 예측해 환자의 사망을 줄이고 있다.

AI 기술은 질병 예측과 그 진단 결과를 바탕으로 치료법을 제공하거나 신약을 개발하는 등 치료와 처방으로 연결되며, 특히 기술 구현 가능성, 즉 성공 가능성이 매우 불확실한 신약개발에 들어가는 시간과 비용을 단축하기 위한 AI 활용이 가속화되고 있다.

국내의 스타트업들도 의료 분야에 AI 기술을 적용한 서비스를 속속 내놓고 있다. 스타트업들이 개발한 AI 의료 기기를 활용해 폐암, 유방암을 진단할 수 있다. 또한 환자의 맥박과 호흡, 혈압 등 생체 신호

---

28   <개인 맞춤형 의료: AI 적용과 당면과제> <ETRI INSIGHT>(2019)

를 분석해 빠르면 30분, 늦어도 24시간 이내 심정지 발생 위험을 예측할 수 있다.

흉부 엑스레이 영상에서 이상 소견을 높은 정확도로 탐지하고 병변으로 의심되는 부위를 색깔이나 외곽선 등으로 표시해서 의료진이 결핵, 폐렴, 폐암과 같은 주요 폐 질환을 신속하고 정확하게 진단할 수도 있다.

의료 AI 기술 스타트업들은 식약처로부터 혁신 의료기기 소프트웨어 제조기업 인증을 처음으로 획득하거나 주식 거래소 상장에 성공하는 성과를 낸 기업도 있다.

AI를 활용하는 것이 만족할 만큼 진단의 정확성을 가져오는지는 아직 불확실하다. 예를 들어 국내외 여러 병원에서 도입한 IBM의 '왓슨 포 온콜로지'는 의사와의 의견 일치율이 40%대에 머물러, 신뢰성의 문제가 제기되었다. AI의 의사 결정에 대한 불투명성으로 인해 발생하는 신뢰의 문제다. AI의 추론 과정을 알아야 AI가 내린 결정을 신뢰할 수 있는데, 심층 신경망의 규모가 커지면서 추론 과정을 알 수 없기 때문이다. 결국 AI가 어떤 방식으로 왜 그런 선택과 결정을 했는지를 설명할 수 있어야만 AI에 대한 신뢰가 높아지고 활용의 효과도 커질 것이다. 설명 가능한 AI 기술이 발전하면서 이런 문제도 해결될 것이다.

미래에는 아마도 모두가 웨어러블 디바이스를 통해 개인 건강 정보를 수집하고 분석해서 원격으로 병을 진단, 약을 처방받을 수 있는 개인 닥터를 가질 날도 올 것이다.

AI 기술과 로봇 기술의 융합

정부의 노동 정책의 강화로 인해 사람을 채용해 서비스를 공급하는 데 많은 비용이 필요하게 되었다. 대안으로 서비스 로봇을 도입하는 경우가 늘고 있다. 라벨링 된 데이터가 없어도 순차적인 행동 결정을 통한 보상 극대화, 시행착오를 통한 최적의 행동 탐색이 가능한 강화 학습을 통해 서비스 로봇의 성능이 좋아지고 있기 때문이다.

최근에는 지도 학습과 강화 학습의 결합한 알파스타AlphaStar는 사람의 행동을 모방한 모방 학습과 자신을 상대로 학습하는 Self-play training을 통해 서비스 로봇의 가능성이 증가하고 있다.

서비스 로봇은 외부의 정보를 수집하고 스스로 이해하고 판단해서 사람들이 원하는 행동을 한다. AI 기술과 실시간 관제가 가능한 초저지연 통신 기술 등이 발전하면서 서비스 로봇을 우리 일상 가까이서 볼 수 있는 날이 다가오고 있다.

일상생활에서 로봇을 이용하기 위해서는 로봇이 사람의 일상어를 이해하고 대답할 수 있어야 하고, 사람의 요구에 따라 팔, 다리를 움직여 물건을 잡고 옮기는 등 정확한 행동을 해야 한다.

가사도우미 로봇은 음성 인식부름 인지, 자연어 처리명령 이해, 행동내비게이션, 로봇 팔 조작, 사람과 물체 등을 인식하는 기술이 필요한데, 이는 AI 기술의 종합 예술이다.

실제로 로봇이 우리 가까이서 서비스를 하고 있다. KT는 광화문 사옥에서 근무하고 있는 임직원을 대상으로 'AI 로봇 우편 배송 서비스'를 운영하고 있다. SKT는 호텔 정문에서 고객에게 환영 인사를 하고 로비로 안내한 뒤 웰컴 드링크를 서빙하는 로봇을 개발했다.

서울시에서는 자율주행 AI 로봇이 다중 공공 이용시설을 순회하며 시민 안전과 방역을 담당한다. 로봇이 순찰하면서 비명과 같은 음향 정보와 주변 보행자 정보를 수집해 신속히 비상 상황에 대응할 수 있게 되었다.[29]

처음 컴퓨터가 나왔을 때는 누구나 컴퓨터를 이용할 수 있다고 예상하지 못했다. 그러나 이제 모든 사람이 손에 컴퓨터를 가지고 다니는 세상이 되었다. 마찬가지로 머지않아 가사를 돕는 로봇이 보급될 것이다.

서비스 로봇 상용화를 위해 빠르고 안전한 하드웨어 기술이 개발되고 있고, 일상에서 벌어지는 다양한 문제를 해결할 수 있도록 AI 기술이 발전하고 있어 영화에서만 보던 서비스 로봇들을 주변에서 쉽게 볼 날도 멀지 않았다.

상품에서 서비스로 변화하는 자동차

자동차가 컴퓨터로 변하고 있다. 물리적 공간에서 쏟아져 나오는 대용량 데이터를 실시간으로 처리하며 빠른 속도로 이동하는 컴퓨터인 셈이다.

---

29   <서울시, 치안·방역에 자율주행 AI로봇 투입한다> <전자신문>(2021.07.29.)

정보통신 기술이 발전하면서 자동차가 지능화된 디바이스로 변하고 있다. 자동차 운행뿐 아니라 배송, 유지 보수 등 자동차와 관련된 생태계 전반이 자동화될 전망이다.

AI 기술은 자동차 운행 중 수집되는 외부환경 정보를 분석해 원하는 목적지까지 안전하게 운전할 수 있게 하는 자동차 생태계의 핵심 기술이다. AI는 얼굴 인식 기술을 활용해 운전자의 신원을 확인한다. 또 자동차 시스템을 자연어로 통제할 수 있게 하는 음성 인식 기술이 자동차를 단순한 운송 수단을 넘어 서비스 도구로 만든다. 운전 중에도 운전자들의 다양한 요구에 따른 맞춤 서비스를 제공해 새로운 부가가치를 만들 수 있다. 손으로 조작하지 않아도 취향에 맞는 음악을 듣거나 영화를 볼 수 있다.

자동차의 생산 공정에도 AI 기술이 활용되어 실시간으로 부품 관리 및 조달이 가능하고, 로봇을 활용한 생산 비용과 시간을 절감할 수 있다. 생산 비용 절감이 가능해지면서 고객의 취향을 고려한 맞춤식 자동차를 공급할 수 있게 될 날도 올 것이다. 자동차에 설치된 다양한 센서가 자동차의 고장 시기를 미리 알려주고, 수리 예약을 해주는 등 새로운 AI 서비스도 가능하다.

글로벌 자동차·IT 업계가 자율주행 자동차 개발에 막대한 자금을 투자해왔다. 그러나 일반도로를 달리려면 도로 형태나 지형지물, 보행자·자전거의 돌발적인 움직임, 날씨에 따른 환경 변화 같은 다양한 변수에 모두 대응해야 하는데, 현재 수준의 AI로는 이를 실시간으로 처리하지 못하고 있다.

일론 머스크는 자율주행 기능이 완성되는 2020년이면 주차장부터 목적지까지 운전자의 조작이 불필요한 완전 자율주행 차량이 가능할 것이라고 장담했으나, 여전히 도로에는 일반 자동차가 달리고 있다.

물론 운전하면서 발생할 수 있는 모든 상황에 대비할 수 있는 초정밀 지도가 만들어지고, 지도에 없는 돌발 상황에도 대응할 수 있도록 AI 기술이 발전한다면 꿈으로만 생각하는 자율주행 자동차가 현실이 될 것이다.

5
마케팅의 필수 도구 AI

마케팅의 새로운 방향

산업 혁명으로 촉발된 자본주의의 초기에는 소비보다 생산이 부족해서 생산만 하면 팔려나갔다. 그러나 산업 기술과 정보화 기술이 발전하면서 생산이 소비보다 많아졌다. 생산 기술이 표준화, 자동화되면서 제품의 기능과 성능의 차이로는 차별화가 어려워졌다.

철학자 장 보드리야르는 과거에는 기능과 성능이 상품의 정체성을 만들었지만, 현대에는 광고가 상품의 정체성을 만든다고 했다. 그는 상품이 이미지화하는 것이 아니라 창조된 이미지가 상품으로 들어간다면서 현대인은 이미지와 환상을 만드는 광고의 시대에 살고 있으며 상품을 소비하는 것이 아니라 이미지를 소비한다고 주장했다. 또 가상이 실재를 지배하고 대체해 재현과 실재의 관계가 역전됨으로써 가상이 더 실제 같아진다며 마케팅의 새로운 방향을 제시했다.

과거에는 생산 원가 절감을 통해 가격을 낮추거나 기능과 성능을 혁신하는 생산 기술이 중요했다면 현대는 고객의 감성을 자극할 수 있는 상품 기획과 마케팅이 더 중요해지고 있다.

마케팅 및 판매 프로세스에서도 AI 기술을 활용한 혁신이 일어나고 있다. 잠재 고객의 글, 음성 데이터 등 구조적·비구조적 데이터를 분석해 잠재 고객의 관심사를 식별하고, 구매 가능성을 예측·평가한다. 잠재 고객의 데이터 분석에 근거해 맞춤형 광고를 하거나 서비스 소개 자료를 자동으로 생성하고 송부한다.

기업은 잠재 고객과 우호적이고 신뢰할 수 있는 관계를 구축할 수 있도록 AI를 활용해 실시간으로 소개 자료를 개선하고 고객과 소통할 수 있다. 고객의 요구와 의사소통 패턴을 분석해 제안서를 작성함으로써 잠재 고객의 우려나 반대에 대한 통찰력을 얻기도 한다. 상품 및 서비스에 대해 제안한 이후에는 고객이 우려하는 것을 해소하고 구매 결정을 할 수 있는 가치 제안을 하도록 지원한다.

특히 가격 변수에 대해 거래가 성사될 수 있는 적합한 가격을 제안하기도 한다. 한번 고객이 되면 서로 믿는 관계를 유지해 장기 고객으로 전환하는 것이 중요하다. 고객에 대한 정형·비정형 정보를 지속해서 관리해 새로운 요구 사항을 발견할 수 있도록 한다. 주문 이후 서비스에도 챗봇 등 AI 응용 서비스를 활용해 고객의 문의 사항에 대응한다.

과거에는 직접 만나서 친분을 만들어야만 고객과 원활한 소통이 가능했다. 그러나 요즘 MZ 세대는 온라인으로 회의하는 데 불편함을 느끼지 않는다고 한다. 오히려, 온라인으로 상담하는 것을 더 선호한다고 한다. 코로나19로 이제는 비대면이 익숙하기에 온라인 상담은 대세적인 트렌드가 될 것이다.

온라인으로 소통할 수 있는 역량이 없으면 고객과 거래를 성공시키는 데 어려움이 있다. AI 기술로 고객을 이해한 상품과 서비스를 제시해주지 못하면 마케팅·영업 상담을 할 기회조차 얻기 어렵다. 글로벌 기업은 B2B 거래에서 고객 맞춤형 마케팅Account Based Marketing을 추진하는 방법으로 잠재 고객을 대상으로 맞춤형 홈페이지를 구축하고, 고객이 원하는 콘텐츠를 제공함으로써 관심을 유도하고 있다.

AI 시대에서는 마케팅이 기업 경쟁력의 핵심이 될 것이다. 다양한 고객의 요구에 대응하지 못하는 기업은 사라질 것이다.《모두 거짓말을 한다》를 쓴 세스 스티븐스 다비도위츠는 구글 검색 데이터를 분석해 사람들이 익명성이 보장된 인터넷에서만 진실을 얘기한다는 것을 확인했다. 섹스, 아동 학대, 낙태 등과 관련한 구글 데이터를 분석했더니 사람들의 생각은 말하는 것과 완전히 달랐다.

고객이 절대 알려주지 않는 숨은 욕구를 분석해 마케팅 활동을 하기 위해서는 AI 기술을 활용해야 한다. 원하는 것이 무엇인지 알려주지 않아도 고객이 원하는 제품과 서비스에 대한 광고를 제공해 구매 성공률을 높여야 한다. 제품을 만들고 나서 고객이 원하는 것이 무엇인가를 아는 것은 늦다. 제품을 설계하는 단계부터 알아야 한다. AI 기술을 활용하지 않고서는 이 모든 것들이 불가능하다.

마케팅 단계별 AI 기술

AI 기술은 이제 하나의 소프트웨어 플랫폼으로 변모하고 있다. 누구나 클라우드 컴퓨팅 형태로 서비스되는 SaaS_{Software-as-a-Service} 솔루션으로 마케팅, 세일즈 프로세스 단계에서 활용할 수 있게 되었다. 분야별 프로세스에서 요구되는 데이터 및 AI 기술이 제공할 수 있는 서비스를 이해하고 이를 활용한 디지털마케팅을 하지 않고서는 AI 시대에서 경쟁력을 가질 수 없다.

마케팅 단계별로 AI 기술 활용 가능성에 대해 살펴보자

1. 환경 분석

정치·경제·사회·문화·과학기술 등 거시적인 외부 환경 관련 비정형 데이터 세트를 분석해 시장에서 발생하고 있는 이상 징후를 식별하고, 성장 가능성이 큰 영역을 도출한다. 현재 AI 기술을 활용해 소셜미디어 데이터 분석을 통해 사회 문화 트렌드를 발견하고, 거시 경제를 예측하는 데 활용하고 있다.

2. 시장과 고객 이해

시장 점유율 추세, 제품 수요 및 고객 특성 등 미시 환경을 분석한다. 고객 만족도, 고객 수, 매출, 이익률 등 내부 데이터와 경쟁사 가격, 시장 점유율, 경쟁사 광고·프로모션 활동 등 외부 데이터 조사를 기반으로 경쟁사의 행동 변화를 식별한다. 고객의 욕구, 행동, 태도 등 고객 특성에 기반해 타깃을 도출할 수 있다.

고객의 의견, 피드백, 관심사를 고객의 표정, 눈동자, 댓글, 소셜 미디어 활동 등을 분석해 프로모션 전략을 수립하고 경쟁사의 행동 변화를 감지하는 데 AI 기술을 활용하고 있다.

데이터베이스 분야의 글로벌 기업인 오라클은 기업 데이터와 고객 정보를 AI와 데이터 사이언스 기능이 있는 '오라클 XC 클라우드'를 활용해 신규 고객을 발굴하고 있다. 이미지 디자인 솔루션을 공급하고 있는 글로벌 기업인 어도비는 AI와 빅 데이터를 활용해 잠재 고객을 발굴하고 고객별로 마케팅을 제공하고 있다.

3. 세분화, 타켓팅, 포지셔닝STP: Segmentation, Targeting, Positioning

AI 기술은 24시간 쉬지 않고 고객의 소셜 미디어 활동, 쇼핑몰 방문, 구매, 검색, 댓글 등 온라인 데이터를 분석해 고객 행동을 예측하는 데 유용하다. 판매 정보 및 고객 충성도, 브랜드 인지도, 인구 통계, 위치 정보 등을 활용해 고객을 분류할 수 있다.

프로모션이 효과가 있는지 추정하거나 데이터를 분석해 광고를 개선하고, 잠재 고객 대상으로 제품 및 서비스를 추천하는 데 활용한다. 타켓팅을 하기 위한 예측모델링, 방대한 데이터 세트를 활용한 고객 클러스터링, 작은 단위로 고객을 세분화해 일대일 마케팅 전략을 추진하는 데 AI 기술을 활용하고 있다.

아디다스는 AI 모델을 활용해 3억 명의 소비자에 대한 1만 가지가 넘는 속성을 분석해서 고객 한 명이 3개월 이내에 운동화를 살 확률을 계산하고 있다.

4. 마케팅 전략 개발과 4P(제품Product, 가격Price, 유통Place, 촉진 Promotion) Mix

고객은 과거와는 비교할 수 없을 정도로 인터넷 세상을 돌아다니며 자신의 욕구와 관련한 데이터를 남기고 있다. 이 데이터를 수동으로 분석해 고객을 파악한다는 것은 불가능하다.

마케팅 분야에서도 AI 기술을 활용해 더욱 전략적인 활동이 가능하다. AI의 마케팅 활동 퍼포먼스를 최적화하고, 고객 행동 분석으로 맞춤형 제품과 서비스를 추천해야 한다. 그를 위해서는 고객 데이터를 분석해 잠재 고객을 분류하고, 자동으로 광고를 배포해야 한다. 제품과 서비스 생산 비용과 가격 변동, 프로모션 활동에 대한 고객반응 데이터를 분석해 예상 매출을 도출함으로써 마케팅 전략을 수립한다. 이에 따라 신제품 개발 시기 결정, 고객 개인별 맞춤형 제품 설계 및 생산, 자사 및 경쟁사의 데이터 분석을 통한 가격 전략의 결정, 판매·재고, 매장 위치, 웹 트래픽 데이터 분석을 통한 AI 재고 관리, 물류 최적화 결정, 잠재 고객의 특성을 분석하고, 맞춤형 광고를 제작해 배포할 수 있다.

5. 성과 측정과 관리

마케팅 활동은 한번에 적용하는 것이 아니라 지속적인 마케팅 활동의 피드백을 반영하여 개선하는 일련의 순환과정이다. 존슨앤드존슨사는 구강청결제인 리스테린의 광고 메시지, 채널, 목표 고객을 결정하는 데 마케팅 이벤트의 결과를 측정하고 반영함으로써 가장 효과적인 마케팅 활동을 운영하고 있다.

AI 기술을 활용하면 마케팅 활동 성과를 모니터링하고, 활동 오류를 식별해 자동으로 개선할 수도 있다.

AI가 소비자를 고무시키는 광고 카피를 만들어 이메일, 페이스북 등 소셜 미디어 광고에 띄우는 '퍼사도 커넥트Persado Connect'라는 서비스가 있다. 100여 곳의 기업이 이 서비스를 활용해 10억 달러 이상의 매출을 올렸다고 한다.

페이서스 스포츠 앤드 엔터테인먼트 사는 AI 기술로 고객에게 보내는 뉴스 레터의 어조를 바꿔 휴면 가입자를 활동 가입자로 바꾸는 데 성공했다.

마케팅 단계별로 AI 기술을 적용하면 새로운 부가가치를 만들어내며 지속 가능한 성장을 할 수 있다.

6

실전 AI 프로젝트

AI 기술 적용 프로세스

AI 기술 적용 프로세스는 데이터 획득·분석·전처리, 모델에 입력할 데이터의 특징 설계특징 선택과 변환, 적합한 모델 선택, 모델의 매개 변수 최적화 과정을 거쳐 최종 모델을 검증하고 배포한다. 이를 3단계로 정리하면 첫째는 AI 프로젝트를 기획하는 단계, 둘째는 데이터를 수집하고 정제하는 단계, 셋째는 AI 모델을 선정·평가하고 개선해 서비스를 개발하는 프로세스로 구분할 수 있다.

AI 프로젝트 기획은 우선순위가 높은 세부 과제에 대한 문제 정의와 AI 기술로 해결할 최적의 목표를 정의하는 과정이다. 먼저 비즈니스 문제 해결에 적합한 AI 서비스 기술자연어, 이미지, 동영상 처리, 가상 비서, 대화형, 예측 분석, 프로세스 자동화, 임베디드 AI을 선정한다. 기업이 AI 기술 스택 전체를 자체 구축On-premise할 것인지 전문 기업에 아웃소싱할 것인지 결정한다. 아웃소싱의 경우 기술 스택에서 어느 범위IaaS, PaaS, MaaS까지 클라우드 서비스를 이용할 것인가 결정한다.

[AI 기술 적용 프로세스][30]

데이터 수집과 정제 과정에서는 텍스트, 비디오, 음성, 이미지 등 데이터 소스의 유형을 검토하고, 데이터 소스 준비를 자체 시스템으로 구축할 것인지 외부에서 구매할 것인지 결정한다. 자체 데이터 소스 구축 시, streaming 혹은 batch 여부, 빈도low, high 여부 등을 결정한다.

데이터 유형이 구조적 혹은 비구조적인가를 검토하고, 데이터 저장소DB 구축에 어떤 DBMS 혹은 파일 시스템을 사용할 것인지 결정한다. 피처 추출feature engineering과 라벨링labeling 작업의 필요 유무 등도 결정한다.

---

30   <AI 기술동향과 오픈소스(2020년)>, 이진휘 연구위원, 정보통신산업진흥원

노코딩 AI

AI 모델 개발과 배포에서는 모델 개발에 사용할 알고리즘의 종류 CNN, RBM, Auto encoder 등를 결정하고, 매개 변수를 어떻게 튜닝할 것인지 검토한다. 또 개발된 모델을 어디에standalone, 서버, 엣지 등 배포할 것인가를 결정한다.

AI 기술 적용 단계별 상세 업무

AI 프로젝트 기획 단계는 AI 기술을 회사의 생산, 마케팅 및 경영 활동 전반에 적용해 회사를 어떻게 혁신할 것인지 큰 그림을 그리는 단계다. 회사의 자원과 시장 환경을 고려해 무엇을 먼저 추진할 것인가를 선정한다.

어떤 업무에 AI를 적용할 것인가what to innovate, 어떻게 적용할 것인가how to innovate, 그래서 무엇이 좋아지는가why innovate를 중심으로 검토해 후보 과제를 도출한다. 선정된 후보 과제 중에서 프로젝트 타당성feasibility과 파급 효과impact를 평가해 우선 추진해야 할 과제를 선정한다.

프로젝트 타당성은 데이터 이용 가능성, 예측 결과의 정확도 정도, 문제의 난이도 등을 고려한다. 영향력은 프로세스에서 복잡한 부분의 유무, 예측 결과의 가치 등 세부 항목을 검토한다.

통상 AI 과제 선정은 영향력이 큰 영역부터 비용과 위험이 큰 영역 순으로 AI 적용 범위를 넓혀가는 것이 바람직하다. 최우선으로 추진해야 할 AI 프로젝트는 프로젝트 추진 비용, 기술 적용 가능성, 데이터 준비도 등을 고려해 타당성이 높고, AI 프로젝트 추진으로 생산 비용의 절감, 신규 고객 확보, 매출 증대 등 기대성과가 높은 것을 선정한다.

AI 프로젝트를 수립할 때 검토할 사항은 무수히 많고 복잡하다. 먼저 AI 기술로 해결하고자 하는 문제를 구체적으로 정의하고, 해결하려는 목표를 설정한다. AI 기술을 적용하는데 필요한 기술적 요소 등을 종합적으로 검토하는 단계다.

프로세스별로 검토해야 할 사항에 대한 의사 결정이 되면 AI 프로젝트를 진행할 기술 인력의 확보 및 내부 직원의 교육 내용과 방법 등도 고려하여야 한다.

문제 이해와 목표 설정은 AI로 예측할 주요 비즈니스 변수(모델 대상)를 식별하는 것으로 AI 기술 적용 방법 중 지도 학습의 분류와 회귀에 해당하는지, 비지도 학습의 군집화, 변환, 연관에 해당하는지를 검토해 진행한다.

[AI 기술 적용 방법]

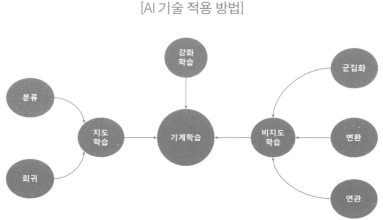

지도 학습은 과거의 데이터에서 정답을 구분할 수 있는 데이터를 분류할 수 있을 때 적용한다. 고객 분류, 신분 위조 탐색, 이미지 분류, 의료 진단과 같이 과거의 고객, 신분, 이미지, 의료 데이터에서 정답 데이터를 확보하고 있을 때 적용할 수 있다.

회귀의 경우 광고 효용 예측, 날씨 예측, 시장 전망, 기대 수명 예측, 인구 증가율 예측과 같이 과거 데이터에서 추세를 파악해 미래를 예측하는 데 활용한다.

비지도 학습은 정답 데이터가 없는 경우에 활용하는 AI 학습 방법이다. 확보된 데이터를 분류해 고객에게 맞춤형 정보를 제공하거나, 고객 분류 및 타깃 마케팅을 하는 데 활용하는 군집화 방법이 있다.

분석하고자 하는 문제와 관련된 변수가 많을 경우, 예측이 쉽지 않거나 정확도를 확보하기 어렵다. 그래서 변수를 분석 가능한 수준으로 줄일 필요가 있는데, 이런 경우에 차원을 축소하는 학습을 진행한다.

빅데이터를 시각화하거나 의미 있는 수준으로 변수를 축약하거나 주요 특징을 분류하고 데이터의 구조를 파악하는 데 활용한다.

강화 학습은 실시간으로 의사 결정해야 하는 시스템, 게임 관련 AI, 스킬 습득, 로봇 내비게이션, 학습 과제와 같은 사례에서 활용한다.

목표 수립 단계는 AI 기술을 적용해 달성하고자 하는 목표를 설정하는 단계다. 목표 설정에 활용하는 SMART_{Specific, Measurable,} Achievable, Realistic, Time-bound 방법론을 적용해 구체적으로 측정 가능하고, 노력하면 기한 내에 달성 가능한 수준의 현실적인 목표를 설정한다. 또 과거 성과 혹은 유사 프로젝트의 성과가 존재하면 이것을 기준 베이스라인으로 달성하고자 하는 최적의 목표치를 설정한다. 다수 지표보다는 단일 지표메트릭를 설정하는 것이 유리하다. 다수의 지표가 존재하면 산술 평균 혹은 가중 평균 등 방법 등으로 결합해 단일 지표로 설정한다.

데이터 수집 및 정제 단계는 데이터 획득 전략 수립, 데이터 정제, 전환, 라벨링, 분석 등 전처리pre-preparation 단계로 전체 AI 기술 적용에서 전체 비용의 약 70%로 가장 많은 자원이 투입된다. 어떤 데이터를 What, 어떤 방법으로How, 어떤 목적으로 왜 획득하는가Why 등 데이터 획득 전략을 수립한다.

예를 들면, 데이터 획득 방법으로 새로운 데이터를 수집할 것인지, 기존의 회사 내부 시스템의 데이터를 변환할 것인지, 공유 혹은 교환할 것인지, 외부에서 구매할 것인지 장단점을 고려해 선택할 필요가 있다.

데이터 수집 관련 의사 결정을 위해서는 데이터 획득 비용cost, 데이터의 독특함uniqueness, 향후 예상되는 데이터의 가치를 중점적으로 검토하여야 한다.

데이터 전처리는 데이터 수집·저장, 라벨링labeling, 랭글링Wrangling,

정제Cleaning, 변환Transformation 등 세부 작업을 수행하며, 일반적으로 데이터 분석, 관리 소프트웨어를 사용한다.

데이터 수집은 데이터 소스에서 즉시 사용하거나 다른 장소에 저장하기 위해 데이터를 가져오는 프로세스로 통상 실시간스트리밍 혹은 배치로 수집한다. IoT 센싱 데이터 등 다양한 형식수백~수십 개 형식의 데이터를 특정 컴퓨팅 환경 또는 소프트웨어로 자동화해 저장한다.

데이터 라벨링은 라벨링 작업자가 소프트웨어 툴을 사용해 원시 데이터에 각각의 속성별 주석을 붙이는 작업으로 많은 시간과 비용이 소요된다. 데이터 라벨링 작업의 품질이 AI 학습에 중요하다. 지도 학습은 라벨링이 필요하지만 비지도, 강화 학습은 필요하지 않다.

데이터 랭글링은 원시raw 데이터를 분석하기 쉽게 다른 포맷형태으로 전환하거나 매핑하는 과정이다.

데이터 정제는 DB 등에서 수집한 데이터 세트의 레코드 값이 손상되거나 부정확한 것을 감지해 선별하고 수정또는 제거하는 작업이다.

데이터 변환은 어떤 데이터가 가지고 있는 특정 형식 또는 구조에서 다른 것으로 변환하는 프로세스로 데이터 통합, 데이터 랭글링 등 개념을 포함한다. 이 단계를 통해 준비된 데이터는 전체 데이터의 약 80%를 학습 데이터 Training Data, 약 10%를 검증 데이터 Validation Data와 약 10%를 테스트 데이터 Test Data 세트로 구분한다.

데이터는 프로젝트의 성패를 결정한다. 따라서 데이터 수집 시 다음 사항을 검토해 AI 프로젝트를 추진해야 한다. [31]

---

31   <AI 기술동향과 오픈소스(2020년)>, 이진휘 연구위원, 정보통신산업진흥원

❶ 비즈니스 요구 사항

왜 이러한 데이터가 필요한가?

이러한 데이터를 가지고 무엇을 할 것인가?

❷ 비즈니스 규칙

비즈니스가 운영되는 제약조건을 고려

❸ 데이터 표준

정부 혹은 산업 표준을 고려

❹ 정확도 요구사항

공간 데이터의 위치 정확도

❺ 비용

수집하는 것과 구입하는 비용의 차이

❻ 데이터의 최신성

다양한 유형의 작업을 위해서는 최신의 데이터가 필요

❼ 시간 제약

데이터가 얼마나 빨리 필요한지 결정

❽ 형식

공간 데이터, 사진, 플랫 파일, Excel 파일, XML 파일 등의 데이터
포맷

❾ 데이터 소스의 권위

신뢰할 수 있는 데이터 소스인지 확인

AI 모델 개발 및 배포 단계는 전처리된 데이터를 이용해 모델을 개발
하고 테스트해 운영 시스템에 사용되도록 배포하는 단계이다. 텐스플

로우 등 AI 모델 개발 프레임워크 등은 사용자가 모델 개발부터 배포 까지 파이프라인 전체 단계를 쉽게 사용할 수 있도록 자동화해 제공한 다. 사용자 인터페이스가 드래그 앤 드롭으로 쉽게 사용할 수 있고, 프로그래밍 언어와 알고리즘을 이해하지 못해도 사용법만 익히면 쉽게 실무에 적용할 수 있다. AI 솔루션을 이용하면 실제 데이터를 활용해 AI 기술을 적용할 수 있다.

AI 모델 개발은 학습 데이터와 알고리즘을 이용해 다항식 또는 가 중치와 같은 모델 매개 변수하이퍼 매개 변수를 변화시켜 성능이 가장 좋은 모델을 찾는 과정이다. 모델 개발과 테스트는 모델 성능 향상을 위해 계속해서 반복해 수행한다. 모델 평가를 통해 학습된 모델들의 성능 을 비교해 가장 성능이 좋은 모델을 선택한다.

테스팅은 모델 배포 이전 단계에서 데이터, 모델, 모니터링 테스트 를 시행해 데이터로 생성된 모델의 성능정확성, Accuracy을 측정하는 단계 이다.

배포 단계에서는 테스팅 후에 개발 환경에서 구축된 모델을 실제 운영될 컴퓨팅 환경인 Web Server, Embedded System 혹은 Mobile 환경에서 동작하는 버전을 만들어서 배포deploy 한다. 이후에도 문 제 발생 시 오류를 찾아 모델을 개선하는 유지·보수 활동도 진행해야 한다.

코딩을 잘하는 소프트웨어 개발자를 채용해 AI 프로젝트를 진행하는 데는 큰 비용과 시간이 든다. 높은 연봉의 AI 개발자를 채용하기도 쉽지 않다. 그러나 코딩을 몰라도 AI 기술을 쉽게 적용할 수 있는 AI 솔루션이 클라우드 서비스를 통해 시장에서 공급되고 있다. 따라서 AI 솔루션을 기반으로 재직자들이 먼저 AI 프로젝트를 추진할 필요가 있다.

이미 살펴본 것처럼 정보통신산업진흥원에서는 중소기업의 AI 기술 적용을 위해 AI 바우처 사업을 지원하고 있다. 그러나 준비가 안 된 기업들이 AI 바우처 사업 지원을 받아 중도에 사업이 중단되는 경우도 있다. 따라서 내부 인력을 활용해 AI 프로젝트를 추진하면서 무엇을 준비해야 하는지, 어떤 새로운 부가가치를 생산할 가능성이 있는지를 미리 아는 것이 중요하다.

IV

AI 시대의 기술

1

노코딩으로
표 데이터 정복(Orange3)³²

표 데이터 분석으로 미래를 예측

코딩을 할 줄 몰라도 데이터 과학, 통계, 머신 러닝을 할 수 있도록 돕는 AI 솔루션 Orange3이 있다. 어떤 현상은 그 현상과 관련된 특성_{속성, 변수, field라고도 함}을 열로, 관측한 기록을 행_{개체, 관측치, 기록, 사례, 경우라고도 함}으로 하는 표로 나타낼 수 있다. Orange3을 활용해서 데이터를 분석해보면 머신 러닝, AI를 쉽게 이해할 수 있다.

Orange3은 표로 만들 수 있는 데이터를 분석해 미래를 예측하는 데 활용하는 머신 러닝 도구다. Orange3은 AI 모델을 만드는 데 필요한 기능을 이미 코딩으로 구현한 위젯을 제공한다. 작업 창에 위젯을

---

32   오픈 튜토리얼스의 머신러닝 야학 교육 과정을 참조해 작성함

1

노코딩으로
표 데이터 정복(Orange3)[32]

표 데이터 분석으로 미래를 예측

코딩을 할 줄 몰라도 데이터 과학, 통계, 머신 러닝을 할 수 있도록 돕는 AI 솔루션 Orange3이 있다. 어떤 현상은 그 현상과 관련된 특성_{속성, 변수, field라고도 함}을 열로, 관측한 기록을 행으로 하는 표로 나타낼 수 있다. Orange3을 활용해서 데이터를 분석해보면 머신 러닝, AI를 쉽게 이해할 수 있다.

Orange3은 표로 만들 수 있는 데이터를 분석해 미래를 예측하는 데 활용하는 머신 러닝 도구다. Orange3은 AI 모델을 만드는 데 필요한 기능을 이미 코딩으로 구현한 위젯을 제공한다. 작업 창에 위젯을

---

32   오픈 튜토리얼스의 머신러닝 야학 교육 과정을 참조해 작성함

끌어 놓고 가장 예측을 잘하는 알고리즘을 찾으면 된다. 기존의 복잡한 데이터를 Orange3에 입력하면 스스로 데이터 패턴을 학습하고 알고리즘을 만들어 미래를 예측할 수 있다.

열(column)
특성(feature)
속성(attribute)
변수(variable)

행(row)

날짜	요일	온도	판매량
2021.12.01	수	5	40
2021.12.02	목	2	42
2021.12.03	금	1	44

개체(instance)
관측치(observed value)
기록(record)
사례(example)
경우(case)

위의 표는 레모네이드 음료 카페의 판매 데이터다. 날짜와 요일별 온도와 판매량 등 과거 데이터를 분석해서 상관관계 함수를 찾아내 날짜와 온도에 따른 판매량을 예측할 수 있다.

변수가 몇 개 되지 않아 쉽게 함수식을 찾을 수 있지만, 변수가 많은 복잡한 현상은 AI의 도움을 받지 않고서는 상관관계 함수식을 찾기 어렵다. 그러나 이제는 전문가들이 미리 코딩해둔 AI 솔루션을 활용해 일반인들도 쉽게 AI 기술을 활용할 수 있게 되었다.

과거의 데이터 원인독립변수과 결과종속변수의 관계 패턴을 분석해서 함수식의 형태로 모델을 발견할 수 있다. 종속변수는 수의 형태인 양적 변수와 분류를 할 수 있는 범주형 변수여야 한다. 양적변수는 회귀 모델, 범주형 변수는 분류 모델을 만들 수 있다.

노코딩 AI

숫자형 변수 분석(회귀 모델)

보스턴 집값을 기존의 데이터를 이용해서 AI 모델을 만들어 예측할 수 있다. 실습을 위해 Orange3 프로그램을 다운로드받아 활용해 보자.

- 구글 검색창에 Orange3 Download로 검색한다.
- 자신의 컴퓨터 OS를 선택해서 Orange3을 다운로드 받아 실행한다.

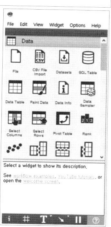

왼쪽과 같은 Orange3 화면이 열린다. 위젯을 작업 창에 드래그 앤 드롭으로 연결해 데이터 분석을 한다.

먼저 표로 된 보스턴 집값 데이터는 인터넷https://bit.ly/boston-housing-price에 있는 실습용 데이터를 업로드 한다. 집값에 영향을 주는 다양한 변수에 대한 관측 데이터를 확인할 수 있다. 자신이 가지고 있는 데이터를 활용해 분석하려고 할 때는 File 위젯을 누르고 파일을 찾아서 파일을 Orange3에 업로드 한다. 데이터 분석을 위해 파일을 작업 창으로 끌어온다.

- 파일을 작업 창에 가져온다.
- 파일을 더블 클릭하면 파일을 업로드 하는 왼쪽의 창이 열린다.
- URL 창에 보스턴 집값 데이터가 있는 주소 (https://bit.ly/boston-housing-price)를 입력한다.
- Reload버튼을 누르면 파일이 업로드 된다.
- 변수 중에 종속변수인 MEDV는 Role을 Taget으로 바꾼다.

* MEDV: 중간값
* Role은 독립변수는 feature, 종속변수는 Target

데이터 테이블 위젯을 작업 창으로 가져와서 파일 위젯과 연결하면 아래와 같이 테이블 형태로 데이터를 볼 수 있다.

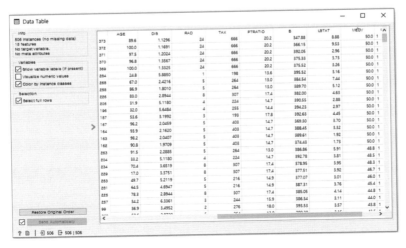

아래 그림은 파일에 있는 데이터를 이용해서 다양한 모델을 이용해 예측하는 학습Prediction을 하는 것이다. File 위젯, Prediction 위젯, Model 위젯을 그림과 같이 연결하면 모델별 학습 결과를 볼 수 있다.

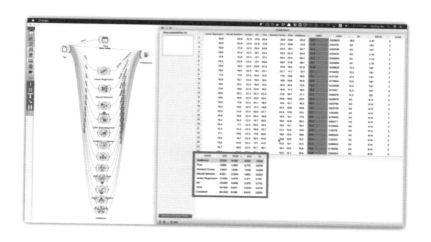

좋은 모델이란 '예측값-실제값=차이'가 작을수록 좋다. 차이가 음수로 나오는 경우가 있어 차이의 제곱의 평균값MSE, Mean Squared Error을 구해 평균값의 제곱근 값RMSE, Root Mean Squared Error을 구하고, 각 모델의 RMSE를 비교해 작은 값이 더 좋은 모델이다.

정답과 모델을 적용한 값을 정확도를 평가하는 지표인 MSE, RMSE, MAE는 그 값이 작을 수로 좋은 모델이고, R2는 클수록 좋은 모델이다. 학습 결과가 좋은 모델이라 하더라고 테스트용 데이터를 이용해 평가해 실제로 좋은 결과가 나오는지를 확인해 검증해야 한다. 테스트 데이터로도 좋은 성능이 나오면 실제 데이터를 이용해 예측하는 데 사용한다.

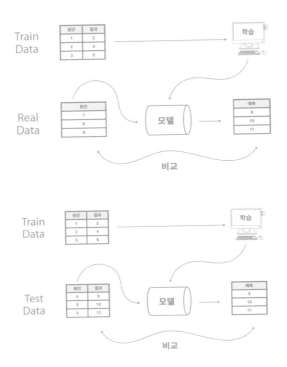

범주형 변수 분석(분류 모델)

다음은 범주형 데이터를 분석하는 방법을 살펴보자. 숫자형Numerical 데이터는 회귀Regression모델로 분석하고, 범주형Categorical 데이터는 분류Classification모델로 분석한다. 실습 예제로 많이 사용하는 붓꽃을 분류해보자. 붓꽃은 꽃받침sepal과 꽃잎Petal의 폭과 길이로 종류를 분석한다. 기존에 붓꽃의 종류를 분류한 데이터https://bit.ly/_IRIS를 Orange3에 업로드해 분석한다.

노코딩 AI

Iris Versicolor

Iris Setosa

Iris Virginica

https://www.datacamp.com/community/tutorials/machine-learning-in-r

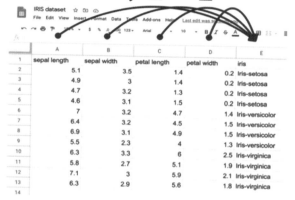

작업 창에 파일을 가져와 열어보면 아래 그림과 같이 파일의 구조를 볼 수 있다. 종속변수인 붓꽃의 Role을 분석하기 위해 target으로 바꾼다. Data Table 위젯과 파일을 연결하면 데이터의 표를 볼 수 있다.

파일을 선택해 끌고 가면 위젯을 선택할 수 있는 창이 뜬다. 그 창에서 Prediction을 검색해서 찾아 선택하거나 위젯을 마우스로 내려가며 찾아 선택할 수도 있다. 아래와 같이 작업 창에 위젯을 연결하면 모델별로 학습한 결과를 볼 수 있다.

CAClassfication Accuracy는 정확도를 나타내는 것으로 1에 가까울수록 좋은 모델이다. 학습Prediction으로 얻은 모델에 테스트Test and Score 데이터를 이용해 값을 비교한다. Neural Network에 매개 변수를 변경하면 정확도가 더 올라간다.

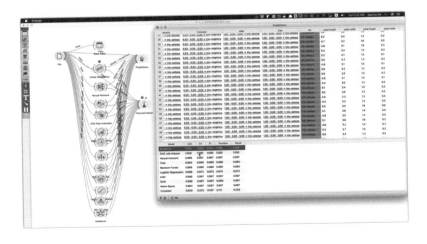

노코딩 AI

AI를 활용하는 방법은 여러 방법이 있다. 모든 모델을 학습하게 한 뒤에 결과를 비교해 좋은 모델을 찾는 방법이 있고, 아주 유명한 모델을 이용하는 방법, 그리고 최적의 알고리즘을 만들어 사용하는 방법이 있다.

알고리즘 학습을 통해 최적의 알고리즘을 개발, 활용하는 것이 가장 성능이 좋은 모델이겠지만, 시간과 비용을 고려하면 실제로는 적용하기가 어렵다. 따라서 알고리즘을 개발하는 전문가로 성장할 사람이 아니라면 현재 알려진 가장 좋은 모델을 찾아 이용하는 것도 좋은 대안이다.

구글 검색에서 'supervised learning algorithm comparison'으로 검색하면 아래와 같은 지도학습 알고리즘의 특성에 관한 정보를 찾을 수 있다. 다양한 상황을 고려해 모델을 선정해 AI 기술을 적용해볼 것을 추천한다.

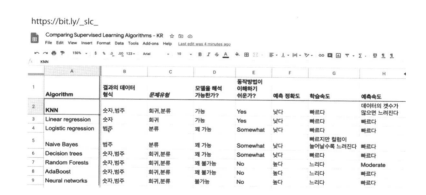

Orange3을 이용하는 방법을 살펴보았다. 우리가 학습한 내용을

다른 환경에서 실제로 적용하는 것은 더 어렵다. 그러나 공부만 많이 한다고 실제 환경에서 더 잘할 수 있는 것도 아니다. 중요한 것은 실제 환경을 상정한 연습이다. 분석해보고 싶은 문제를 발견하고 실제로 AI 모델을 찾아보는 실전 연습이 실력을 키우는 데 더 도움이 된다. 여러분 주위에 어떤 데이터가 있는지 그 데이터로 무엇을 분석하고 예측해보고 싶은지 살펴보고 Orange3을 활용해보자.

공공데이터 포털과 서울시 열린 데이터 광장에는 안전, 물류, 국토, 복지 등 AI 학습을 위한 다양한 데이터가 공개되어 있다. Orange3을 활용해 이런 데이터를 많이 분석해보면 AI 기술 활용에 대한 자신감이 붙을 것이다.

노코딩 AI

서울시 열린데이터 광장(data.seoul.go.kr)

2
몇 줄의 코드로 하는 AI
(텐서플로)[33]

수만 줄을 단 몇 줄의 코드로

회귀와 분류 문제를 해결하기 위한 지도학습 알고리즘으로 Decision Tree, Random Forest KNN, SVM, Neural Network가 있다. 모두 머신 러닝 문제를 해결하는데 사용하는 알고리즘이다. Neural Network는 인간의 뇌를 모방해 만들어진 알고리즘으로 인공 신경망, 딥 러닝이라고 한다.

분석을 위한 코드를 이미 만들어둔 도구를 라이브러리Library라고 한다. 텐서플로TensorFlow, 파이토치PyTorch, 카페투Cafffe2, 티아노Theano 등이 있는데, 모두 딥 러닝을 할 수 있도록 지원하는 도구이다. 이런

---

33   오픈 튜토리얼스의 머신러닝 야학 교육 과정을 참조해 작성함

라이브러리를 이용하면 수만 줄의 코드를 몇 줄의 코드만으로 딥 러닝을 할 수 있다.

딥 러닝을 통해 현실의 문제를 해결하기 위해서는 머신 러닝과 딥 러닝의 개념을 이해하고 분석하고자 하는 데이터를 다룰 수 있어야 한다. 데이터를 분석하려면 Python 프로그램을 활용해 코드를 짤 수 있어야 한다. 그러나 코딩으로 딥 러닝을 구현하는 것은 쉬운 일이 아니다. 머신 러닝, 딥 러닝, 데이터, 코딩, 수학을 전혀 이해하지 않고서 딥 러닝을 할 수는 없다. 그러나 딥 러닝을 할 수 있는 도구를 활용하면 단 몇 줄의 코드만 알아도 데이터를 분석해서 예측과 분류를 할 수 있다.

딥 러닝 도구인 텐서플로를 이용해 딥 러닝을 실제로 적용해보면 모델 구조 생성과 학습에 관련된 코드를 이해하고 코드들이 동작한 결과를 해석할 수 있다. 딥 러닝 원리와 코딩 방법을 모르더라도 딥 러닝 도구를 자주 활용해 예측 및 분류를 해보면 그 원리와 코드를 이해할 수 있는 것이다.

영문법을 많이 알아도 외국인과 대화를 못 하면 아무 소용이 없다. 서툴러도 몇 마디 대화를 한다면 실력이 차츰 늘고, 나중에는 자연스럽게 영어를 구사하는 원리와도 같다. 텐서플로 같은 분석 도구를 이용하면 최소한의 코드로 AI 기술을 활용한 분류와 예측을 할 수 있기 때문에 코딩을 배울 시간이 없거나 어려움이 있는 사람이라면 딥 러닝을 적용해볼 수 있는 효율적인 방법이다.

구글에서 제공하는 Colaboratory 서비스를 이용해 텐서플로 실습을 해보자. 웹 브라우저에서 쉽게 프로그래밍을 할 수 있는 환경을 제공하는 도구인 jupyter notebook은 데이터를 다루는 사람들이 많이 활용하고 있다. Colab notebook은 jupyter notebook과 같은 기능을 구글 드라이브 내에서 사용할 수 있도록 제공되는 프로그래밍 도구다. 구글 드라이브에서 새로 만들기 메뉴를 눌러, 검색창에 Colaboratory 입력하면 Colaboratory 설치 화면이 나온다. 이를 다운로드해 설치해보자.

Colaboratory가 설치되면 아래의 프로세스로 분석을 진행한다.

1. 텐서플로와 pandas프로그램을 이용하기 위해 Colaboratory로 불러온다.

2. 과거의 데이터를 준비한다.

3. 과거의 데이터에서 문제 해결을 위한 원인독립변수과 결과종속변수를 찾는다.

4. 모델의 구조를 만든다.

5. 모델을 데이터에 맞게 학습(FIT)한다.

6. 학습 결과에 만족한다면 모델을 완성한다.

7. 완성된 모델을 이용해 예측한다.

손글씨 데이터셋인 MNIST와 컬러 이미지 데이터셋인 CIFAR10을 이용해 이미지를 분류하는 방법을 실습해보자.

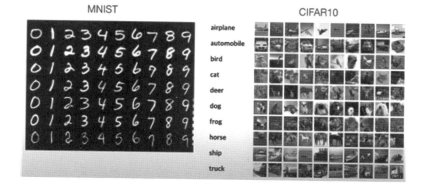

아래와 같이 코드를 작성하면 텐서플로에서 자동으로 AI 모델을 만들어준다.

```
# 데이터를 준비합니다.
(독립, 종속), _ = tf.keras.datasets.mnist.load_data()
종속 = tf.keras.utils.to_categorical(종속)
print(독립.shape, 종속.shape)

# 모델을 만듭니다.
X = tf.keras.layers.Input(shape=[28, 28])
H = tf.keras.layers.Flatten()(X)
H = tf.keras.layers.Dense(120, activation='swish')(H)
H = tf.keras.layers.Dense(84, activation='swish')(H)
Y = tf.keras.layers.Dense(10, activation='softmax')(H)
model = tf.keras.models.Model(X, Y)
model.compile(loss='categorical_crossentropy',
              metrics='accuracy')
```

```
# 데이터를 준비합니다.
(독립, 종속), _ = tf.keras.datasets.mnist.load_data()
독립 = 독립.reshape(60000, 28, 28, 1)
종속 = tf.keras.utils.to_categorical(종속)
print(독립.shape, 종속.shape)

# 모델을 만듭니다.
X = tf.keras.layers.Input(shape=[28, 28, 1])

H = tf.keras.layers.Conv2D(6, kernel_size=5, padding="same")(X)
H = tf.keras.layers.Activation('swish')(H)
H = tf.keras.layers.MaxPool2D()(H)

H = tf.keras.layers.Conv2D(16, kernel_size=5)(H)
H = tf.keras.layers.Activation('swish')(H)
H = tf.keras.layers.MaxPool2D()(H)

H = tf.keras.layers.Flatten()(H)
H = tf.keras.layers.Dense(120, activation='swish')(H)
H = tf.keras.layers.Dense(84, activation='swish')(H)
Y = tf.keras.layers.Dense(10, activation='softmax')(H)

model = tf.keras.models.Model(X, Y)
model.compile(loss='categorical_crossentropy', metrics='accuracy')
```

딥 러닝을 위해서는 데이터셋에 대한 이해를 해야 한다. 손글씨 데이터셋인 MNIST와 컬러 이미지 데이터셋인 CIFAR10 데이터셋을 살펴보자.

5라는 숫자는 색의 농도에 따라 28*28=784개의 셀에 0~255(검정 0~흰색 255)로 입력된다. 각 숫자는 2차원 형태로 784차원 공간의 한 점을 차지하고 있다. 개별 MNIST 데이터셋의 형태는 (28, 28)이고, 이미지가 60,000장이라면, MNIST 데이터셋의 형태는 (60,000, 28, 28)이다.

컬러 이미지인 CIFAR10의 데이터셋은 아래와 같다.

RGB 각 셀에 0~255의 숫자가 들어가 있다. 개별 CIFAR 데이터셋 형태는 (32, 32, 3)이고 3차원 형태로 3,072(32*32*3)차원 공간의 한 점으로 표현된다. 이미지가 5,000장이라면, CIFAR10 데이터셋 형태는 (5,000, 32, 32, 3)이다.

아래 사진은 실제 찍은 것이다. 사진의 데이터는 이미지 크기가 2,448×3,264픽셀인데, 세 가지 색으로 구성되므로 2,448×3,264×3 =23,970,816의 셀이 있다. 이 사진을 학습에 사용하기에는 너무 크므로 데이터 전처리를 통해 용량을 줄여 학습에 사용한다.

노코딩 AI

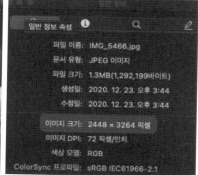

손글씨 데이터셋인 MNIST와 컬러 이미지 데이터셋인 CIFAR10 데이터셋의 shape를 print해보면 MNIST는 3차원 형태로 정답이 60,000개, CIFAR10은 4차원의 형태로 정답이 50,000개라는 것을 확인할 수 있다.

```
#MNIST
(독립, 종속),_=tf.keras.datasets.mnist.load_data()
print(독립.shape, 종속.shape)
#(60,000, 28, 28) (60,000,)


#CIFAR10
(독립, 종속),_=tf.keras.datasets.cifar10.load_data()
#(50,000, 32, 32, 3) (50,000, 1)
```

이미지 데이터 분석을 위해서는 차원의 개념을 알아야 한다. 표를 공간에 옮기면 기하학적으로 데이터를 해석할 수 있다. 데이터 사이의 거리와 벡터값을 측정해서 데이터의 특성을 더 자세하게 분석할 수 있다.

데이터를 공간에 표현한다는 데이터 공간의 맥락에서 보면 변수의 개수는 공간의 차원수이며 관측치는 N 차원 공간의 한점이다. N 차원의 값을 요인으로 가진 변수는 N+1차원의 배열의 깊이를 가지며 데이터 형태의 맥락에서 변수의 차원 수는 배열의 깊이다.

아래의 d1 변수는 1차원의 변수다. data shape를 print 해보면 데이터가 하나인 1차원 형태라는 것을 알 수 있다. 아래의 표와 같이 N 차원의 변수를 요인으로 하는 변수는 N+1차원이 되는 것이다.

표의 열 vs 포함 관계

```
d1 = np.array( [1, 2, 3] )          d2 = np.array( [d1, d1, d1, d1, d1] )
print( d1.ndim, d1.shape)           print( d2.ndim, d2.shape)
# 1차원 형태, (3, )                  # 2차원 형태, (5, 3)

d3 = np.array( [d2, d2, d2, d2] )    d4 = np.array( [d3, d3] )
print( d3.ndim, d3.shape)           print( d4.ndim, d4.shape)
# 3차원 형태, (4, 5, 3)              # 4차원 형태, (2, 4, 5, 3)
```

노코딩 AI

CNN을 활용해 AI 모델 만들기

[LeNet CNN모델]

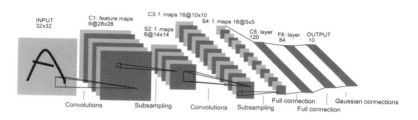

※ LeNet은 CNN을 처음으로 개발한 얀 르쿤(Yann Lecun) 연구팀이 1998년에 개발한 CNN 알고리즘

 # 텐서플로와 판다스 라이브러리를 사용하기 위해 불러오는 코드

- import tensorflow as tf

- import pandas as pd

 # 데이터를 준비한다 .

- (독립, 종속), _ = tf.keras.datasets.cifar10.load_data() -> 인터넷 에 있는 cifar10 데이터 셋 불러오는 코드

- 종속 = pd.get_dummies(종속.reshape(50,000)) -> 종속변수를 원 핫인코딩하는 코드

- print(독립.shape, 종속.shape) -> 독립변수와 종속변수의 형태를 출 력해보는 코드

모델을 완성한다.

- X = tf.keras.layers.Input(shape=[32, 32, 3]) -> 32*32 크기의 컬러 이미지 데이터를 입력변수 X로 정의하는 코드

- H = tf.keras.layers.Conv2D(6, kernel_size=5, activation='swish') (X) -> 컨볼루션 함수를 반영하는 코드로 크기가 5*5인 필터를 6개 활용해 은닉층을 만드는 코드

- H = tf.keras.layers.MaxPool2D()(H) -> Maxpooling 함수를 적용해 처리해야 할 매개 변수의 수를 줄이는 코드

- H = tf.keras.layers.Conv2D(16, kernel_size=5, activation='swish') (H) -> 컨볼루션 함수를 반영하는 코드로 크기가 5*5인 필터를 16개 활용해 은닉층을 만드는 코드

- H = tf.keras.layers.MaxPool2D()(H) -> Maxpooling 함수를 적용해 처리해야 할 매개 변수의 수를 줄이는 코드

- H = tf.keras.layers.Flatten()(H) -> 은닉층을 통해 나온 결과값을 표의 형태로 만들어주는 코드

- H = tf.keras.layers.Dense(120, activation='swish')(H) -> 활성화 함수인 swish함수를 이용해 독립변수를 특징이 있는 120개의 변수로 만들어주는 코드

- H = tf.keras.layers.Dense(84, activation='swish')(H) -> 활성화 함수인 swish함수를 이용해 독립변수를 특징이 있는 84개의 변수로 만들어주는 코드

- Y = tf.keras.layers.Dense(10, activation='softmax')(H) -> 활성화 함수인 softmax함수를 이용해 독립변수를 10개의 변수로 만들어

주는 코드

- model = tf.keras.models.Model(X.Y): model을 정의하는 코드
- model.compile(loss='scategorical_crossentropy', metrics= 'accuracy') -> model에 loss값과 정확도 값을 반영하는 코드

모델을 학습한다.

- model.fit(독립, 종속, epochs=10) ->모델을 10번 학습시키는 코드
모델을 이용한다.
- pred = model.predict(독립[0:5]) -> 독립변수의 1번째~5번째 데이터를 잘라서 모델에 변수를 적용해서 예측해보는 코드
- pd.DataFrame(pred).round(2) -> 예측결과를 소숫점 2자리에서 반올림해서 결과를 읽기 쉽게 만드는 코드

정답 확인

- 종속[0:5] -> 종속변수의 1번째~5번째 데이터값을 확인해서 모델의 예측이 잘되었는지를 평가하는 코드

모델 확인

- model.summary() -> 모델이 CNN모델을 적용해 어떻게 구현되었는지를 확인하는 코드

나의 이미지를 활용해 딥 러닝 하기

여러분이 이미 가지고 있는 이미지 데이터를 분석하는 방법을 살펴보자. 이미지 데이터를 구성하는 방법, 이미지 데이터를 불러오는 코드의 사용법, 이미지 데이터의 형태를 알면 자기가 가지고 있는 이미지를 활용해 딥 러닝 분석을 할 수 있다.

#1. 내 컴퓨터에서 과거의 이미지 데이터 파일을 불러온다.

이번 실습은 자신의 컴퓨터에 있는 데이터 파일을 이용해 분석한다.

라이브러리 로딩

- import glob
- import numpy as np
- import pandas as pd
- import matplotlib.pyplot as plt
- import tensorflow as tf

이미지 읽어서 데이터 준비하기

- paths = glob.glob('./자신의 데이서 파일 폴드명/*/*.png') -> 자신의 이미지가 들어있는 폴드명에 있는 이미지를 paths 변수에 담는 코드
- paths = np.random.permutation(paths) -> paths에 있는 이미지를 랜덤하게 썩는 코드
- 독립 = np.array([plt.imread(paths[i]) for i in range(len(paths))])

-> paths에 있는 이미지를 '독립'변수로 정의하는 코드

- 종속 = np.array([paths[i].split('/')[-2] for i in range(len(paths))])

  -> paths에 있는 이미지를 '종속'변수로 정의하는 코드

- print(독립.shape, 종속.shape) -> 독립변수와 종속변수의 형태를 확인하는 코드

- 독립 = 독립.reshape(18724, 28, 28, 1) -> 이미지가 흑백으로 2차원 데이터이기 때문에 3차원 데이터 형태로 '독립'변수를 변경하는 코드

- 종속 = pd.get_dummies(종속) -> 종속변수를 원핫인코딩해 숫자형 코드로 변경하는 코드

- print(독립.shape, 종속.shape) -> 독립변수와 종속변수의 형태를 확인하는 코드

Conv2D, MaxPool2D, Flatten, Dense함수로 은닉층을 만들어 모델을 완성한다.

- X = tf.keras.layers.Input(shape=[28, 28, 1])

- H = tf.keras.layers.Conv2D(6, kernel_size=5, padding='same', activation='swish')(X)

- H = tf.keras.layers.MaxPool2D()(H)

- H = tf.keras.layers.Conv2D(16, kernel_size=5, activation='swish')(H)

- H = tf.keras.layers.MaxPool2D()(H)

- H = tf.keras.layers.Flatten()(H)

- H = tf.keras.layers.Dense(120, activation='swish')(H)

- H = tf.keras.layers.Dense(84, activation='swish')(H)

- Y = tf.keras.layers.Dense(10, activation='softmax')(H)

- model = tf.keras.models.Model(X, Y)

- model.compile(loss='categorical_crossentropy', metrics='accuracy')

모델을 학습

- model.fit(독립, 종속, epochs=10)

모델을 이용

- pred = model.predict(독립[0:5])

- pd.DataFrame(pred).round(2)

정답 확인

- 종속[0:5]

모델 확인

- model.summary()

노코딩 AI 솔루션으로 하는
딥 러닝

AI 솔루션 소개

이번에는 시장에서 공급되고 있는 AI 솔루션 몇 가지를 소개하고자 한다. 일반인도 쉽게 이해할 수 있는 교육 과정을 만들어 함께 공급하고 있으므로 누구나 AI 솔루션을 활용해 다양한 실습을 할 수 있다.

브라이틱스(삼성 SDS)

브라이틱스는 국내 대표적인 소프트웨어 개발회사인 삼성 SDS가 개발한 AI 솔루션이다. 브라이틱스는 복잡한 코드를 몰라도 분석 과정을 시각화된 자료로 확인할 수 있도록 제공하고 있다. 복잡한 코드로 구현된 함수를 일반인들이 쉽게 이용할 수 있도록 개발했기 때문이다. 브라이틱스는 대표적인 변환함수와 회귀, 분류, 군집 알고리즘 등을 제공하는데, 데이터 분석과정을 점검하면서 매개 변수를 조정해 최적의 알고리즘을 찾도록 지원한다. 브라이틱스는 코딩을 모르는 일반인들도 분석 중에 인사이트를 얻는 데 유용하다.

오픈소스로 개발된 브라이틱스는 사용자가 원한다면 함수를 추가할 수도 있다. 또한 JVM_Java virtual machine 혹은 Python 기반의 Scikit-Learn, XGBoost 등 자주 쓰이는 라이브러리들을 제공하며 실제 분석가들의 피드백을 받아 라이브러리들을 지속해서 추가하고 있다.

브라이틱스는 세 가지 라이센스가 있다. 무료로 제공하는 오픈 소스 버전인 브라이틱스 스튜디오와 기업들의 수요를 반영한 유료 버전인 브라이틱스 엔터프라이즈, 한 대의 서버에서 중소형 데이터를 분석하는 브라이틱스 스탠다드 버전으로 나뉜다.

기업용 유료 버전에는 원하는 시간에 주기적으로 데이터를 적재하고 분석해 리포트를 제공해준다. 또한 인 메모리_in-memory 분산 처리기능을 제공해 컴퓨팅 클러스터를 만들 수 있어 싱글 노드의 1/1,000 가격으로 멀티 노드 컴퓨팅 클러스터를 만들 수 있다.

자체적으로 내장하고 있는 오픈소스 기반의 함수가 많다. Python Pandas와 Apache Spark 간 데이터 변환도 자동적으로 이루어진다. 코딩할 필요 없이 드래그 앤 드롭으로 데이터를 분석해 알고리즘을 만들 수 있으며, 자동화된 분석함수를 제공해서 매개 변수 튜닝 등이 필요한 경우 자동화해주는 등 편리한 기능이 많다.

삼성 SDS의 대다수 직원이 통계 소프트웨어인 R이나 Python보다 브라이틱스를 이용해 데이터 분석을 하고 있다. 이는 AI 분석이 AI 솔루션 기반으로 발전하고 있음을 입증하는 좋은 사례다.

브라이틱스를 활용하면 기업들의 재무제표 지표, 주가 수익률과 상관 분석, 도산율과의 상관 분석, 분석 대상 기업의 군집화를 통한 분석, 채권 관련 지표 분석을 통한 기업의 위험도 분석 등을 할 수 있다.

그동안은 기업의 재무제표 데이터를 이해하고 많은 데이터를 보유해도 코딩을 할 줄 모르면 이런 데이터를 분석할 수 없었다. 마찬가지로 코딩 능력이 있지만, 재무제표 데이터에 대해 잘 모르면 재무제표 데이터로 무엇을 분석할 수 있는지, 분석된 결과가 타당한지 판단하는데 어려움이 있다.

재무제표에 대한 지식과 데이터를 다룬 경험이 있는 현장의 전문가들이 브라이틱스를 활용하면 아래와 같이 위젯을 작업 창에 드래그앤 드롭해 쉽게 데이터를 분석할 수 있다. 코딩을 알지 못해도 시장을 예측할 수 있는 인사이트를 얻을 수 있다.

브라이틱스는 이미 제조, 서비스 산업에서 활용되고 있다. 코딩을 몰라도 분석하고자 하는 데이터를 이해하고 있는 사람이면, 브라이틱스를 이용해서 장비 이상탐지, 제품 디자인 최적화, 매출 예측, 소비자 행동예측, 로그 데이터 분석을 통한 보안 침해 사고 예측, 소셜 미디어 데이터 분석 등을 빠르고 쉽게 할 수 있다.

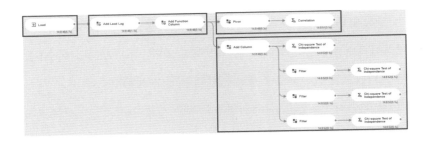

　브라이틱스 무료 버전인 브라이틱스 스튜디오 사용법을 쉽게 설명하는 동영상을 유튜브 채널https://www.youtube.com/c/brighticsTV에서 제공하고 있다. 브라이틱스 포털https://www.brightics.ai/를 방문해 PC 환경에 맞는 브라이틱스 스튜디오를 다운로드받아 AI 솔루션을 체험해보자. 포털에는 사용자 매뉴얼, 데이터 분석에 대한 자율 학습서, 도메인별 샘플 모델, 함수에 대한 설명, 질의응답 커뮤니티 정보를 제공하고 있어 관심과 흥미만 있으면 혼자서도 학습할 수 있다.

노코딩 AI

딥파이(딥노이드)

딥파이는 최근 코스닥에 상장한 딥노이드가 개발한 AI 솔루션이다. AI를 연구하고 싶은 의사들이 AI 엔지니어_{프로그래머}의 도움 없이 의사 주도로 AI 모델을 만들 수 있도록 돕기 위해 만들어졌다. 딥파이는 멤버들이 협력해 AI 알고리즘을 개발할 수 있는 기능도 지원한다.

공개 소프트웨어 기반으로 개발되어 딥파이에서 개발한 AI 알고리즘을 다른 플랫폼에서 활용할 수 있다. 딥파이는 코딩을 몰라도, AI 학습을 위한 고가의 학습 환경을 갖추지 못해도, 클라우드 환경에 접속해 쉽게 AI 모델을 만들 수 있도록 지원하는 플랫폼을 지향한다.

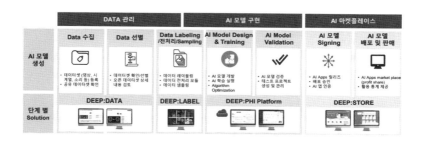

딥파이를 이용하면 데이터 수집, 모델 생성, 학습 및 검증이 한 번에 가능하다. 이미 다른 사람이 딥파이를 이용해서 개발한 AI 모델을 구매·판매할 수 있도록 지원하고 있다. 현재 CT 영상에서 폐 결절 검출 AI 모델, 뇌동맥류 MRI 영상 AI 모델, X-레이 영상의 압박골절 검출 AI 모델 등 약 30 여종 이상의 AI 모델이 공개되어 있다. 그래서 이미 개발된 모델을 활용하면 자신의 프로젝트에 필요한 성능 개선에 집중할 수 있어 효율적이다. 딥파이는 클라우드에서 AI 솔루션을 이용할 수 있도록 제공하고 있어 인터넷이 되는 장소면 어디서든 접근할 수 있으며, GPU/Storage 등의 환경을 손쉽게 활용할 수 있다.

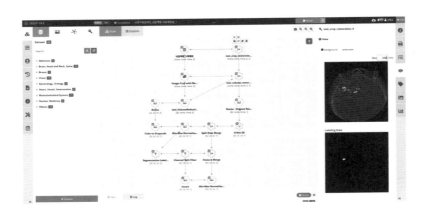

딥파이는 의료분야 연구원 의사들이 자발적으로 참여해 상호협력하고 시장 수요에 대응하는 AI 모델 학습, 개발, 구매·판매를 할 수 있도록 지원하는 개방형 플랫폼으로 개발되었다. 주로 의료 분야의 50여 개 공개 데이터셋을 제공하고 관리할 수 있는 기능이 있다. 시계열 데이터와 영상 및 소리 데이터를 이용해 AI 모델 학습을 할 수 있도록 데이터를 자동으로 정제하도록 지원한다. 또한 70개 이상의 이미지 데이터 전처리 모듈을 가지고 있고, 레이블링 기능을 활용한 2D, 3D 레이블링이 가능해 빠르게 학습 데이터를 준비할 수 있다.

단순한 형태는 물론 복잡한 형태의 이미지 레이블링을 위한 Box type 및 Free drawing type 기능을 제공한다. 코딩을 하지 않고도 AI 모델 개발 및 성능 검증을 쉽게 할 수 있는 위젯을 제공하며 다른 사람

222

들이 공유한 모델을 참조할 수도 있다.

딥파이가 제공하는 위젯을 작업 창에 드래그 앤 드롭해 이어 붙여 모델을 구현하도록 지원한다. 코딩하지 않고 위젯을 활용해 AI 모델을 개발하므로 160페이지의 코딩 산출물을 30분 만에 완성할 수 있다. 그런데도 코드 방식의 텐서플로에 비해 성능 및 학습 시간에 차이가 없다.

AI 학습 결과에 대한 상세 성능 지표를 확인하고 튜닝할 수 있고, AI 모델 코드를 확인하고 편집할 수 있다. 신경망의 하위 레이어 구조를 확인하고 조정할 수 있는 기능도 제공한다.

코딩 능력이 있는 사람은 딥파이에서 제공하는 코드 편집 기능을 통해 커스터마이징을 할 수 있다. 딥파이를 통해 개발한 AI 모델을 솔루션으로 제작해 등록하고, 배포 및 판매를 할 수 있는 기능을 제공할 예정이다.

딥노이드는 코딩에 익숙하지 않은 국내 대학병원 교수, 전문의, 전공의, 의과대생을 대상으로 AI 솔루션 교육 및 실습을 제공한 바 있다. 딥파이의 효용성을 인정받아 일부 대학에서는 딥파이 솔루션 활용을 정규 과정으로 개설했다.

코딩에 대한 지식이 없는 대학병원의 의사들이 딥파이를 활용하면 병원에서 보유하고 있는 의료 영상 데이터를 분석해 질병 예측 알고리즘을 개발할 수 있다. 2022년 상반기에는 다양한 산업분야에서 지식과 경험을 가지고 있는 전문가들이 쉽게 딥파이를 활용해 AI 모델을 개발할 수 있도록 개선된 서비스가 출시될 예정이라고 한다. 딥노이드는 다양한 산업분야의 전문가를 대상으로 딥파이 교육 과정을 개방해 AI 솔루션의 대중화를 추진할 계획이다.

딥파이의 더 자세한 사용법과 기능들은 모두 플랫폼 내에서 동영상과 매뉴얼의 형태로 제공되므로 관심 있는 분들은 직접 방문해보길 추천한다.[34]

AI Studio(써로마인드)

써로마인드 AI Studio는 서울대학교 머신 러닝 연구실 출신들이 창업해 만든 AI 솔루션이다. 사내에 AI 전문가가 없어도 AI 모델을 개발하고 운영할 수 있는 'No Coding 플랫폼'으로 개발되었다.

다양한 협업 기능을 제공해 AI 개발팀의 생산성을 향상할 뿐만 아니라, 코딩을 배우지 않은 사람들도 쉽게 AI를 구현할 수 있는 No code 기반의 MLOps 플랫폼이다. 기업과 비즈니스의 AI 서비스 개발을 더욱더 쉽고 편리하게 해주는 솔루션으로, AI 연구 개발과 응용서비스에 이르는 전 단계의 자동화를 지원한다.

34   https://www.deepphi.ai/support/guide

코딩없는 개발환경 제공

학습 데이터 구축 및 모델 개발을 빠르게 할 수 있도록 기존의 복잡했던 AI 개발 환경을 개선해 최신 AI 모델을 노코딩 환경에서 구현할 수 있는 UI/UX를 제공한다.

Active learning 기반의 Auto labeling 기능을 지원하는 Image Annotator를 탑재해 더욱더 빠르고 쉽게 데이터를 구축할 수 있다. 모델 학습 및 최적화 과정에서는 AutoML과 Hyper Parameter Optimization_{HPO}기능을 제공해 AI가 자동으로 모델의 최적화를 수행해 생산성을 높일 수 있다.

인프라 관리 측면에서는 쿠브플로_{Kubeflow} 기반의 자원관리를 지원함으로써 학습에 필요한 GPU 자원의 자동 할당 및 유연한 확장이 가능하다.

써로마인드는 다수의 AI 경진대회에서 AI Studio를 활용해 우수한 성적을 거두고 있다. AI 솔루션을 활용하면 소수 인력으로 더 빠르게 다양한 모델 학습 및 테스트를 진행해 우수한 알고리즘을 만들 수 있다는 것을 입증하고 있다.

써로마인드는 AI 모델 개발 과정의 효율성 향상을 위한 '워크플로 Workflow'기능을 제공해 머신 러닝 워크플로의 8단계(문제 정의, 데이터 준비, 데이터 어노테이션, 모델 구축 및 학습, 모델 최적화, 모델 배포, 모델 적용 및 모니터링, 모델 개선의 8단계)를 지원하는 올인원 통합 플랫폼으로 개발되었다. 이로 인해 AI 모델 개발 과정의 효율성이 향상되었다.

데이터 전처리부터 모델 학습과 적용까지 머신 러닝 솔루션을 구성하는 일련의 머신 러닝 워크플로 절차를 템플릿으로 제공해 사용자 편의성을 높임으로써 유사한 문제를 빠르게 해결할 수 있도록 지원한다. 그러므로 AI 기술을 도입하고자 하는 기업의 비즈니스 환경에 최적화된 맞춤형 AI 솔루션 운영이 가능하다. 주요 응용 사례별 표준 템플릿을 제공하고 있어서 사용자 수요에 맞게 템플릿을 수정해 응용 시스템에서 사용이 가능한 형상으로 자동 배포할 수 있다.

01. Project 생성

02. Project 설정

03. 데이터 업로드 or 제공된 데이터 활용

04. Data Labeling 작업

05. 학습 설정

06. 모델 학습

07. 학습모델 검증

08. 학습모델 등록

노코딩 AI

단일 플랫폼에서 '다양한 AI 모델의 구현'이 가능하다. 정형 데이터, 이미지 및 음향 데이터에 대한 인식 모델링을 통해 시각 지능, 청각 지능 외에 다중 융합 지능을 위한 모델링 기능도 고객의 상황에 맞게 추가 개발이 가능하다. 정형 데이터뿐만 아니라, 이미지·음향 데이터 인식을 위한 딥 러닝 모델을 자동으로 구축하는 앙상블 기반의 AutoDL 기능이 있다. 정형 데이터에 대해 자동으로 모델을 최적화하는 HPO 기능, 다양한 알고리즘을 적용해 최고 성능의 모델을 얻을 수 있는 AutoML 기능도 있다.

써로마인드 AI Studio는 현재 스마트 팩토리 관련 인력 양성 사업의 AI 실습 플랫폼으로 납품을 준비하고 있으며, 현대그룹의 AI 기술 적용을 위한 솔루션으로 채택되어 독점적 실시권을 가진 현대 오토에버를 통해 공급되고 있다. AI 개발자 교육용 플랫폼이 현대 오토에버를 통해 현대모비스에 공급되어 현대 모비스의 AI 개발자 양성에 활용되고 있다. 제조·스마트팩토리 분야에서 딥 러닝 기반의 불량 검출 등에 활용될 예정이다.

다빈치랩스(아일리스)

아일리스는 AI 솔루션인 다빈치랩스DavinciLabs를 은행, 보험, 카드, 증권 등 금융 분야에 주로 공급해왔으나 최근에는 제조 등 비금융 분야로 사업을 확대하고 있다. 산업 현장에서 정형화된 표로 수집되고 관리되는 데이터를 활용해 업무 프로세스를 자동화하거나 상품개발,

수요예측, 리스크 관리 등 산업 현장의 업무 혁신을 지원하고 있다.

[다빈치랩스 화면]

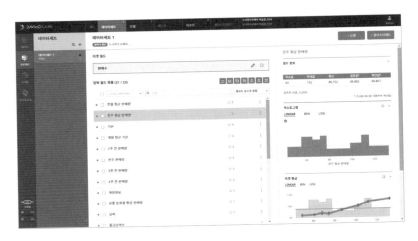

　　다빈치랩스는 코딩을 모르는 산업 현장의 전문가들이 AI 모델을 개발할 수 있도록 아래와 같이 다양한 기능을 제공하고 있다.

- 데이터 전처리
- 자동 변수 선정+자동 파생 변수 생성
- Ensemble과 Cascade 기능을 통해 다양한 알고리즘을 구현하고 데이터에 맞는 알고리즘 자동 추천
- 자동 매개 변수 튜닝 기능과 모델 성능의 고도화를 위해 알고리즘별로 상세한 매개 변수 튜닝 지원
- 알고리즘 간의 성능 지표를 비교해 최적의 AI 모델을 개발할 수 있도록 지원
- 개발된 AI 모델에 대한 신뢰도와 영향력을 한눈에 비교할 수 있는 상세 리포

트 제공

• 개발된 AI 모델을 간편하게 운영 중인 예측 서버에 탑재할 수 있도록 지원하고 신규 데이터가 수집되는 경우 AI 모델을 자동으로 업데이트할 수 있도록 지원

아일리스는 8주 과정의 AI 기술 교육·컨설팅 프로그램을 공급하고 있다. 고객사의 현장 여건에 따라 다소 차이가 있지만 약 7천~1억 원의 가격으로 프로그램을 공급하고 있다. AI 솔루션 개발사와 수요 기업의 재직자가 상호 협력해 AI 기술 교육·컨설팅 프로그램을 다음과 같이 진행함으로써 수요 기업 재직자는 AI 기술 역량을 확보할 수 있다.

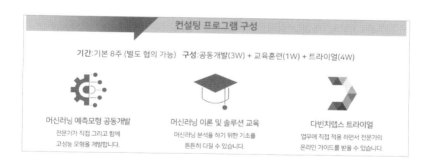

1. AI 모델 공동개발(3주): AI 솔루션 개발사의 AI 전문가와 산업계 직무 전문가들이 협력해 산업계 현장 데이터를 AI 모델 학습에 용이하도록 정제하고 머신 러닝 예측 모형을 공동 개발한다.

산업 전문가들은 산업 현장의 데이터에 대한 이해는 높지만, 이 데이터를 활용해 AI 모델 학습을 할 수 있도록 데이터를 정제할 수 있는

능력이 없다. 산업계 직무 전문가들은 AI 전문가와 협력하면서 AI 모델 학습이 용이하도록 데이터를 정제하는 과정을 학습한다. AI 솔루션회사의 AI 전문가도 산업 현장의 직무 전문가로부터 산업 현장에 있는 데이터를 이해함으로써 산업 현장에 적용할 수 있는 AI 모델을 개발하는 역량을 강화할 수 있다.

2. AI 솔루션 기능 학습 및 실습(1주): AI 솔루션의 활용 방법을 학습한다. AI 모델 학습에 용이한 데이터를 가공했다면 AI 솔루션을 활용해서 최적의 AI 모델을 찾는 과정은 어렵지 않다. 이용자들이 AI 모델 학습에 필요한 기능을 쉽게 이용할 수 있도록 AI 솔루션을 개발했기 때문에 간단하게 솔루션 활용 방법을 학습하면 AI 모델을 만들 수 있다.

산업 현장의 전문가들은 AI 솔루션 기능을 이용해서 AI 모델을 개발하는데 필요한 매개 변수 조정 등 AI 솔루션 활용 방법을 배울 수 있다.

3. AI 모델 개발 시범 프로젝트 훈련(4주): 데이터가 준비되고 AI 솔루션의 기능을 이용할 수 있는 수준이 되면 산업 현장의 전문가들이 직접 AI 솔루션을 이용해 AI 모델을 개발하는 프로젝트를 진행한다. 이 과정에서 AI 모델을 개발하는 데 어려움이 있으면 AI 전문가들의 도움을 받아 해결함으로써 산업 현장의 전문가가 독자적으로 AI 모델을 개발할 수 있는 역량을 확보할 수 있다.

아일리스는 일반인을 대상으로 매월 마지막 주 목요일에 AI 기술 기초 지식과 AI 솔루션 이용 방법에 대한 무료 교육을 하고 있다. 정형 데이터를 보유하고 있는 산업 현장의 재직자가 코딩 없이 AI 기술을 어떻게 적용하는지 이해하는 데 도움이 된다.

SAGEMAKER(아마존웹서비스)

아마존웹서비스는 코딩을 할 줄 모르는 산업현장의 사업담당자들이 소프트웨어 기술역량 및 환경에 따라 IaaS, PaaS, SaaS를 선택하여 AI기술을 쉽게 활용할 수 있도록 제공하고 있다.

아마존웹서비스는 고객들의 다양한 디지털 전환 요구에 대응할 수 있는 공급기반을 구축하고 있다. 데이터사이언티스트와 AI엔지니어를 확보하고 자체적으로 AI모델을 개발할 수 있는 회사들에게는 PyTorch, Tensorflow, MXNet과 같은 프레임워크와 AI모델 학습에 필요한 다양한 CPU, GPU, 데이터베이스를 제공한다.

또한, AI기술 적용 프로세스 단계별로 필요한 작업들을 사용자들이 쉽게 이용할 수 있도록 지원하는 AI솔루션인 Amazon SageMaker를 공급하고 있다. SageMaker를 이용해서 데이터 라벨링, 모델학습, 배포 및 유지보수 등 AI기술 전과정을 간단한 교육을 통해 쉽게 할 수 있다.

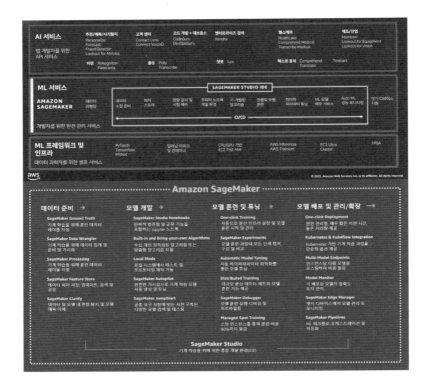

　AI기술이 널리 활용되고 있는 산업과 직무에서 쉽게 AI기술을 활용할 수 있도록 앱개발자를 위한 API서비스도 제공하고 있다. AI기술은 수치, 이미지/영상, 자연어 텍스트, 음성데이터를 분석하여 예측, 개인화 추천, 지식검색, 분류, 불량검출, 콜센터 등에 널리 활용되고 있다. 이미 시장에 AI기술 적용의 효과가 입증된 사례를 고객들의 업무에 적용하기 쉽도록 API를 제공하고 있다.

　아마존웹서비스는 코딩을 모르는 산업현장의 인력들이 인공지능 기술을 쉽게 활용할 수 있도록 다양한 교육과정(https://aws.amazon.com/ko/training/classroom/)을 무료로 운영하고 있다. 2025년까지

　　　　　　　　　　　　　　　　　　　　　　노코딩 AI

2천9백만 명에게 클라우드·AI교육을 제공할 예정이라고 한다. 대부분의 교육과정이 영어로 되어있지만, 글로벌 협력을 통해 소프트웨어가 개발되고 서비스되는 시대에 적응하기 위해서는 영어로 학습하는 방법도 일거양득의 효과가 있다.

AI 솔루션 기능

AI 솔루션은 AI 모델을 만들 수 있도록 데이터 전처리, AI 모델 학습, 평가와 관련된 기능을 위젯의 형태로 제공한다. 프로젝트 모델러 창에 위젯을 드래그 앤 드롭하고 위젯 안에 있는 변수를 조정하면서 AI 모델을 만든다.

딥노이드가 개발한 AI 솔루션인 딥파이의 기능을 참조하면 AI 솔루션에서 제공하는 기능 들을 이해하는 데 도움이 된다.

딥파이의 프로젝트 모델러 중앙에 있는 Flow 창에 데이터셋과 각종 모듈을 끌어와서 우리가 원하는 알고리즘에 맞춰 모듈을 조합하면 AI 모델을 만들 수 있다. 이 과정에서 코딩은 사용되지 않으며 마우스를 통해 모듈을 이동하고 붙이고, 각 모듈별로 사용되는 매개 변수만 조정해주면 된다.

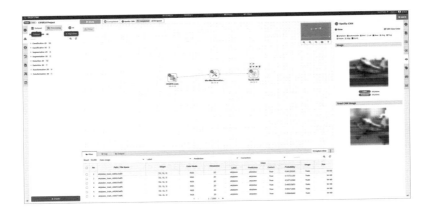

　　프로젝트 모델러 창의 왼쪽 탭에는 데이터셋, 전처리, 신경망 모델 목록이나 프로젝트 설명, 팀원 관리 등 프로젝트 전반에 대한 기능들이 담겨있다.

① Information: 프로젝트 정보를 확인할 수 있는 공간, 프로젝트에 대한 간략한 정보와 데이터 종류, 신경망 모델 종류 등이 표시되어 있다.

② Modules: 프로젝트 모델러에 가장 핵심적인 탭으로 여기서 Dataset,

노코딩 AI

Processing, AI 모듈들을 끌어와 사용할 수 있다.

③ Members: 프로젝트의 소유자와 참여자를 확인하고, 다른 회원들을 이 프로젝트의 멤버로 초대할 수 있는 기능이다.

④ History: 프로젝트의 생성, 모듈 추가, 학습 실행 등의 히스토리를 확인할 수 있다.

⑤ Test Projects: 모델 학습이 완료되고 난 후, 최종 테스트를 위해 테스트 모드로 전환할 때 사용하며 학습 완료된 AI 모델을 애플리케이션으로 만들어 배포할 때도 사용된다.

⑥ Setting: 프로젝트를 실행하는데 필요한 자원들(CPU, GPU)을 조정할 수 있는 기능이다.

⑦ TODO: To Do List를 작성하고 관리하는 곳으로, 여러 팀원들과 협동할 때 목표와 기한을 설정하고 프로젝트 진행을 관리하는 데 사용된다.

프로젝트 모델러 창의 오른쪽 탭에는 각 모듈에 대한 정보를 볼 수 있다. 데이터셋 모듈, 데이터 처리 모듈, 신경망 모듈에 따라 조금씩 차이는 있지만 대체로 다음과 같은 기능들이 제공된다.

① Information: 모듈에 대한 정보를 확인할 수 있는 공간, Dataset 모듈이
　라면 해당 데이터셋에 대한 구성, 출처, 학습 목적 등에 대한 정보이고,
　Processing 모듈의 경우 역시 해당 모듈의 기능과 예시 결과 등을 보여준
　다. 마지막 AI 모듈의 경우 해당 신경망 모델의 정보와 특징, 신경망 구조
　등을 알려준다. 모듈 이름만으로도 직관적으로 그 용도를 알 수 있으나 이
　름으로 알 수 없는 경우 이 탭을 눌러서 상세한 정보를 확인할 수 있다.

② Data Insight: 데이터셋 구조를 확인할 수 있는 공간. 클래스별 데이터의
　개수와 Train, Validation, Test 데이터셋별로 데이터 개수 등을 확인할 수
　있다.

③ Parameter: Processing, AI 모듈에서 사용되는 매개 변수를 조정하는 기능

④ Early Stopping: AI 모듈에서만 사용되며, 학습을 조기 종료시킬 수 있는
　기능

⑤ View: 데이터셋 영상을 볼 수 있는 공간으로 위 그림에서는 CIFAR10 데이
　터셋 중 하나인 비행기airplane 영상을 볼 수 있다.

⑥ Attribute: 데이터셋의 메타데이터 정보를 볼 수 있는 공간.

⑦ Processing Result: 영상처리 모듈들의 조합에 따른 결과 영상들을 흐름에 따라 차례로 볼 수 있는 공간.

⑧ Histogram: 영상 데이터셋의 Pixel Histogram을 볼 수 있는 공간.

다음 그림에 있는 탭을 선택하면 데이터셋의 목록과 로그, 학습 결과들을 볼 수 있다.

① Files: 해당 프로젝트에서 사용된 데이터셋들의 목록을 볼 수 있는 공간.

② Log: 프로젝트 실행 시 로그를 보여주는 공간.

③ Output: AI 모듈을 실행한 후, 신경망 모델이 학습한 결과를 보여주는 공간.

AI 솔루션으로 AI 모델 만들기[35]

텐서플로로 딥 러닝 분석을 했던 CIFAR10 데이터셋을 AI 솔루션으로 분석하는 실습을 해보자. 텐서플로에 입력하는 이미지의 크기와 유형이 다를 경우 분석이 용이하게 데이터를 정제하는 코드를 만들어

---

35   딥노이드 정종훈 교육팀장의 자문을 받아 작성함

야 한다. 코딩을 할 줄 모르는 일반인은 이러한 과정이 쉽지 않다. AI 솔루션은 이러한 과정을 위젯으로 만들어 제공하기 때문에 쉽게 코딩을 할 줄 모르는 일반인도 AI 알고리즘을 만들 수 있도록 지원한다.

국내외 기업이 공급하고 있는 AI 솔루션 중 딥노이드가 개발한 딥 파이로 CIFAR10 데이터셋을 분석해보면서 AI 솔루션이 제공하는 기능을 파악해보자. 딥파이의 프로젝트 모델러 안에서 어떻게 CIFAR10 데이터셋이 분석되는지 알 수 있다.

딥파이에서 AI 개발은 데이터셋 업로드, 모듈 끌어오기, 실행 버튼 누르기, 결과 확인하기, 이렇게 4단계로 이루어진다.

1. 데이터셋 업로드

먼저 딥파이는 웹 서버에서 데이터 전처리 및 AI 학습이 이루어지므로 웹 클라우드에 분석하고자 하는 데이터셋을 업로드 한다. 데이터셋 업로드는 아래 그림에서 보듯이 Dataset Modules 탭에서 가장 아래쪽에 있는 '+Create'버튼을 누르면 된다. 데이터셋을 업로드 하면 'Enter The Basic Information', 'Check The Dataset Form', 'Upload A Zip File'의 3단계에 걸쳐 진행된다. 각각의 과정을 살펴보자.

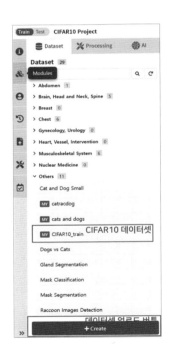

노코딩 AI

먼저 'Enter The Basic Information' 단계에서 데이터셋의 이름,
카테고리, 간단한 요약 등의 정보를 기입한다.

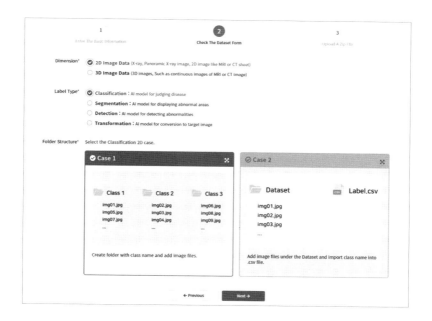

다음으로 'Check The Dataset Form'에서는 영상의 차원2D or 3D, 레이블의 종류Classification, Segmentation, Detection, Transformation 등의 정보를 선택한 후, 그에 따라 데이터셋의 폴더 구조Folder Structure에 맞춰 CIFRA10 데이터셋을 준비한다.

마지막으로 'Upload A Zip File'단계에서는 앞서 폴더 구조에 맞춰 정리한 데이터셋을 Zip 파일로 압축해 업로드하면 된다.

데이터셋 업로드 이후에도 추가적
인 검증 과정이 있으나, 해당 과정은 딥
파이 홈페이지에 자세히 설명되어 있
다. 이렇게 데이터셋이 업로드 되고 나
면, 아래 그림처럼 CIFAR10 데이터셋
이 Dataset Modules 탭에서 보이는 것
을 확인할 수 있다.

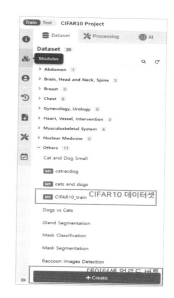

2. 모듈 끌어오기

모듈은 드래그 앤 드롭 방식으로
Modules 탭에서 끌어와 중앙의 Flow 창에서 배치하고 이어주면 된다.

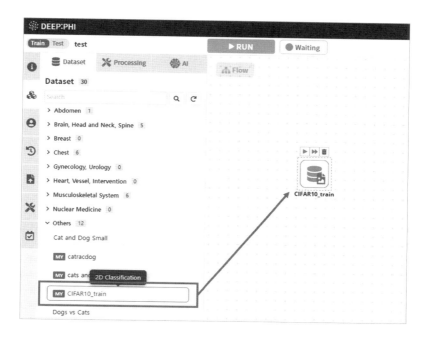

먼저 CIRAF10_train 데이터셋을 Flow 창으로 옮겨준다.

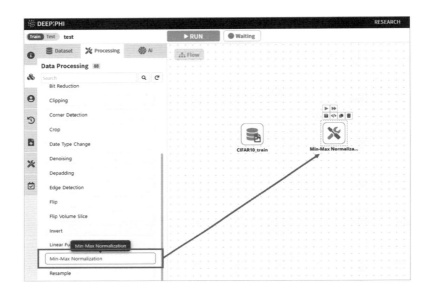

그 다음은 Processing 모듈 중에서 신경망 모델이 데이터셋을 잘 학습하기 위해서, 모든 데이터셋의 값들을 0~1 사이 값으로 정규화 하는 'Min-Max Normalization'모듈을 Flow 창으로 끌어와 'CIFAR10_train'오른쪽에 둔다. 만약 해당 전처리 모듈 외에도 다른 모듈들을 더 쓰고 싶다면 필요한 만큼 끌어와 알고리즘 순서에 맞춰 배치하면 된다.

CIFAR10 데이터셋은 특별한 추가 전처리 과정이 필요 없는 간단한 데이터셋으로 추가적인 전처리 모듈 추가 없이 바로 AI 학습 모듈을 추가할 것이다.

　　왼쪽에 AI 모듈들을 보면 이미 딥파이에서는 그동안 여러 연구에서 검증된 다양한 신경망 모델을 제공 중이다. 딥파이가 제공하는 신경망 모델을 끌어와서 사용만 하면 된다. 다만 이번 실습에서는 앞 장의 '몇 줄의 코드로 하는 AI 텐서플로'에서 만든 신경망 모델인 Vanilla CNN 모델을 사용할 것이다.

　　앞선 텐서플로를 사용하는 방식에서는 코드를 작성해야 했으나, 딥파이에서는 아래 그림처럼 딥파이에서 제공하는 신경망 편집기를 사용해 위젯 형태의 드래그 앤 드롭 방식을 활용해 쉽고 직관적으로 동일한 모델을 만들 수 있다.

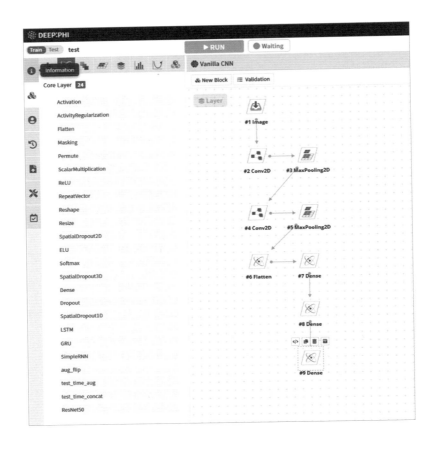

따라서 딥파이 사용자들은 쉽고 편하게 딥파이에서 제공해주는 검증된 신경망 모델을 사용하여도 되고, 필요에 따라서는 직접 본인의 AI 개발 목적에 맞는 신경망 모델을 만들 수도 있다.

Flow 창에 끌어온 데이터셋, 전처리 모듈, 신경망 모듈의 중앙에 있는 파란색 체인 형태의 아이콘을 클릭해 드래그 앤 드롭 형식으로 연결해주면 AI 모델 학습을 할 수 있다.

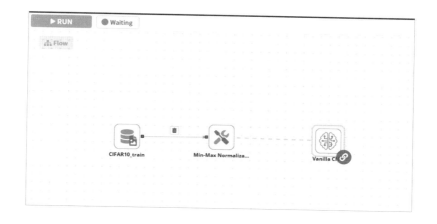

3. 실행 버튼 누르기

딥파이가 제공하는 모듈들을 작업 창에 드래그 앤 드롭해 연결함으로써 AI 학습에 필요한 알고리즘을 만들었다. 왼쪽 상단에 있는 실행 버튼인 "▶RUN"을 클릭하면 AI 모델 학습이 시작된다.

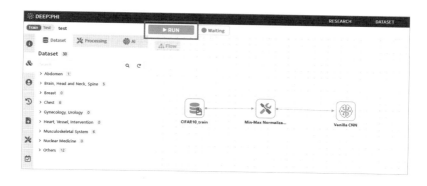

실행 버튼을 클릭하면, 데이터셋 변환부터 시작해 영상 처리, 신경망 학습까지 차례로 진행된다. 이 과정은 우리가 딥파이 창을 닫아도 실행이 멈추지 않으며 여러분이 컴퓨터를 꺼도 딥파이 서버에서 학습

은 자동으로 진행된다.

　데이터셋 크기와 학습 난이도에 따라 짧은 시간 안에 AI 모델 학습
이 끝나기도 하지만 몇 주에 걸쳐 AI 모델 학습이 진행되는 경우도 있
다. 따라서 AI 모델 학습이 오래 진행될 경우 AI 모델 학습 과정을 지
켜볼 필요 없이 딥파이를 종료하고 학습이 완료된 후에 결과를 확인하
면 된다.

4. 결과 확인하기

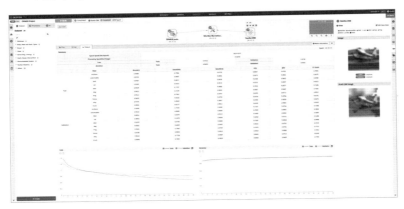

　학습이 완료되면 위의 그림처럼 Flow 창에서 모듈의 색깔이 초
록색으로 바뀐다. AI 모듈을 클릭하면 아래쪽 탭의 Output에서 학
습 결과를 확인할 수 있다. AI의 검증 지표에는 손실, 정확도, 민감도,
특이도 등 다양한 지표들이 있다. 딥파이는 이러한 다양한 지표들을
Result 탭에서 제공한다.

　오른쪽의 View 탭을 보면 AI 모델 학습 결과 Airplane이라고 레

이블된 영상을 맞췄음을 확인할 수 있다. 영상 아래쪽의 이미지는 AI가 영상 내에서 어디를 보고 Airplane이라고 맞췄는지 중요도를 Gradation으로 표현한 Grad-CAM 영상이다. AI 개발에 있어 결과 지표를 추출하고, AI가 판단한 결과를 시각화Visualization하는 매우 중요한 기법이다.

딥파이는 이미 다양한 결과 지표들을 제공해 사용자가 다각적인 측면에서 AI의 성능을 검증하고, Grad-CAM 영상을 이용해 결과 시각화까지 할 수 있다.

지금까지 AI 솔루션을 이용해 코딩을 하지 않고 AI 모델을 만드는 실습을 해보았다. 코드를 사용했던 텐서플로에 비해 쉽게 AI 모델을 만들 수 있다는 것을 확인할 수 있었다. 그러나 현장의 데이터를 활용한 AI 모델을 만들기 위해서는 AI 솔루션의 다양한 기능을 이해하고 AI 솔루션을 잘 다룰 수 있어야 한다. 지속적인 반복 훈련을 통해 성능이 좋은 AI 모델을 만들 수 있다.

우리나라에는 제조, 정보통신, 금융, 의료, 유통 등 다양한 산업분야의 노하우를 가진 전문가들이 많다. 이 책을 읽는 독자들이 AI 솔루션을 이용해 산업 현장의 다양한 데이터를 분석해서 AI 모델을 만들면 그 과정에서 AI 솔루션의 기능과 성능도 좋아지게 된다. 국내 AI 솔루션이 글로벌 시장에서 경쟁력을 확보할 수도 있다.

4
코딩으로 완성되는 AI

잘 나가는 코딩 언어

코딩은 컴퓨터와 소통할 수 있는 프로그래밍 언어를 할 줄 아는 것이다. 코딩을 한다는 것은 소프트웨어를 개발할 줄 안다는 의미이기도 하다.

인간은 국가별로 인종별로 다양한 언어를 사용한다. 일부는 국제 공용어로 발전되었지만, 일부는 이미 사라진 언어도 있다. 컴퓨터 언어도 최초로 카드에 구멍을 뚫어 컴퓨터에 명령을 주거나 기계어와 일대일 대응이 되는 낮은 수준의 프로그래밍 언어인 어셈블리어를 거쳐 최근에는 인간의 언어에 가까운 수준으로 발전했다.

다양한 언어를 할 줄 알면 다른 국가를 여행하거나 현지인과 소통하는 데 도움이 된다. 다른 언어를 하는 나라와 무역을 해서 경제적 부를 이룰 수도 있다. 컴퓨터 언어도 마찬가지다. 다양한 컴퓨터 언어를 할 줄 알면 경제적 부를 이룰 수 있다.

컴퓨터와 컴퓨터가 네트워크를 통해 통신이 가능해지면서 요청하는 컴퓨터를 클라이언트, 컴퓨터의 요청을 받아 처리하는 컴퓨터를 서버로 구분한다. 클라이언트 컴퓨터와 소통하기 위한 프로그래밍 언어와 서버 컴퓨터와 소통하는 프로그래밍 언어가 다르다. 컴퓨터는 사람의 명령을 키보드 등 입력장치로부터 받아 중앙처리장치OS, Operating System에서 처리하고, 출력장치를 통해 사람에게 그 결과를 제공한다.

대표적인 OS로 마이크로소프트사의 윈도우, 애플사의 맥, 리눅스 등이 있다. 이 OS를 개발한 기업에 따라 다양한 프로그래밍 언어가 있다. 컴퓨터와 모바일 기기에서 사용하는 OS도 다르다.

컴퓨터와 모바일 기기와 소통하는 소프트웨어를 개발하기위해서는 각각의 OS와 소통할 수 있는 프로그래밍 언어를 할 줄 알아야 한다. 컴퓨터에 입력되는 데이터와 정보를 저장하는 곳을 데이터베이스라고 하는데 이 데이터베이스와 커뮤니케이션하기 위해서는 관련 프로그래밍 언어를 배워야 한다.

인간이 사용하는 언어도 민족과 국가마다 다른 언어가 있는 것처럼 컴퓨터 프로그래밍 언어도 개발 환경 및 수요에 따라 종류가 많다. 개발자 구인·구직 플랫폼인 해커 랭크Hacker Rank에서 미국 개발자를 대상으로 각 코딩 언어별 평균 연봉을 공개했는데, 참조하면 어떤 언어를 할 수 있을 때 연봉을 얼마나 받을 수 있는지 알 수 있다.

해커 랭크는 11만6000명 이상의 소프트웨어 개발자와 학생을 대상으로 설문을 실시해 가장 높은 연봉과 연관이 있는 코딩 언어를 추렸다. 경제 분야의 주요 기사를 다루는 비즈니스 인사이더www.

businessinsider.com가 설문 조사를 기반으로 유망한 15개 코딩 언어 종류
와 온라인 학습 방법을 소개했다.

[프로그래밍 언어별 연봉 및 학습소스][36]

프로그래밍 언어	연봉	학습소스
펄(Perl) 자료를 추출하고 보고서를 작성하는데 사용하는 프로그래밍 언어	약 8만425달러 (약 9,928만 원)	펄 포 뉴비스(Perl for Newbis)'입문 과정 튜토리얼 포인트닷컴(TutorialsPoint. com)이나 런펄오알지(Learn-Perl.org) 온라인 사이트 중급 과정
스칼라(Scala) 객체 지향 프로그래밍 언어와 함수용 프로그래밍 요소가 결합된 프로그래밍 언어	7만7150달러 (약 9,524만 원)	코그니티브클래스에이아이 (CognitiveClass.ai), 스칼라엑설사이즈오 알지(Scala-exercises.org)의 인터렉티브 입문 과정
고(Go) 구글이 개발한 정적 타입의 프로그래밍 언어 (static type language)	7만2691달러 (약 8,971만 원)	유데미(Udemy)의 유료 입문 교육 과정 소프트커버(softcover)에서 제공하는 e-book 중급 과정
루비(Ruby) 인터프리터 방식의 객체 지향 스크립트 언어	7만2146달러 (약 8,904만 원)	코드카데미(Codecademy) 입문 과정 프리코드캠프(FreeCodeCamp.org)의 유튜브
오브젝티브시 (Objective-C)	6만6697달러 (약 8,232만 원)	유데이시티(Udacity)의 입문 무료 강좌 튜토리얼포인트(Tutorials Point) 중급 과정
스위프트(Swift)	6만5171달러 (약 8,043만 원)	프리코드캠프, 해킹위드스위프트의 온라인 교육 과정
파스칼(Pascal)	6만2773달러 (약 7,747만 원)	파스칼 프로그래밍(Pascal Programing) 의 무료 온라인 과정 유데미의 유료 과정
알(R)	6만1629달러 (약 7,606만 원)	에듀레카(Edureka)의 유튜브 강좌 코드카데미의 입문 과정

---

36 출처: www.businessinsider.com "The 15 coding languages with the highest salaries, and how to learn them online at no cost" (2020.08.21.)

프롤로그(Prolog)	6만648달러 (약 7,485만 원)	런프롤로그나우(Learn Prolog Now!)
C#	5만8469달러 (약 7,216만 원)	코드이지넷(CodeEasy.Net)의 입문 과정 유튜브 교육 과정
코틀린(Kotlin)	5만8196달러 (약 7,181만 원)	프리코드캠프의 유튜브 입문 과정 코틀린랭오알지(KotlinLang.org)에서 코딩 지식이 있는 이들과 인터렉티브 학습
타입스크립트(TypeScript)	5만7443달러 (약 7,089만 원)	프리코드캠프에서 입문 과정 코더(Koder)HQ에서 인터렉티브 튜토리얼
Python	5만6670달러 (약 6,994만 원)	CS 도조(Dojo) 유튜브 초급 과정 모시 하메다니의 유튜브 영상 유데미의 유료 교육 과정
자바스크립트	5만5690달러 (약 6,872만 원)	모시 하메다니의 유튜브 과정 코드카데미의 초급 과정 런(Learn) JS의 무료 인터렉티브 튜토리얼
C++	5만5363달러 (약 6,832만 원)	유데미나 유데이시티 교육 과정

코딩의 세계

언어에 재능이 있는 사람 중에는 10개 국어를 구사하기도 하지만, 대부분 세계 공용어인 영어와 중국어 정도만 해도 세계 어디서나 큰 불편함이 없이 소통할 수 있다.

온라인 교육 서비스 업체인 코세라Coursera의 최고 기업 책임자인 리아벨스키Leah Belsky는 "지금은 그 어느 때보다도 구체적인 기술들이 취업 및 승진과 관련이 있다"라고 언급했다.

여러 컴퓨터 언어 중에서 잘 사용하는 언어를 가지고 있어야 취업 및 승진에 유리하다. 시장에서 수요가 많은 컴퓨터 언어를 먼저 배우고 다른 언어로 확대해야 한다.

　AI 솔루션으로 AI 기술 적용을 하다 보면 현장의 문제를 해결하는 데 한계가 있다. AI 전문가로 성장하기 위해서는 아래와 같이 다양한 코딩 기반의 교육을 받을 필요가 있다. 그러나 모든 분야의 전문 지식을 갖추기란 현실적으로 어렵다. 따라서 취업하고자 하거나 재직하고 있는 산업 분야 및 직무의 현장 필요에 맞는 교육에 집중할 필요가 있다. 많은 분야의 기술을 알아도 현장에서 활용할 수 있는 수준으로 성장하지 않으면 소용없기 때문이다.

　AI 기술 학습을 위해서는 대표적인 코딩 기초 언어인 Python과 머신 러닝 라이브러리, 프레임워크와 시각, 언어, 음성과 관련된 알고리즘에 대해 학습해야 한다.

[AI 학습 분류]

인공지능						
학습지능				단일지능		
기초언어	Python		시각지능	컴퓨터비전 개론(Open CV)	CNN 시각	RNN 시각
				강화학습 시각	GAN	프로젝트
머신러닝	기계학습 기본	Numpy	Matplotlib			
	Pandas	Scikit-learn	Seaborn	언어지능	자연어처리 개론	CNN 언어	RNN 언어
	회귀분석	분류분석	군집분석		Attention	Transformer, BERT, GPT, T5	프로젝트
프레임워크	Tensorflow	Keras	Pytorch	음성인식	음성인식 개론	CNN 음성	RNN 음성
딥러닝	DNN	CNN	RNN		HMM 음성	E2E 딥러닝	프로젝트

　Python은 간결하고 인간의 사고 체계와 닮은 문법으로 많이 사용되는 프로그래밍 언어다. 또한, 풍부한 라이브러리로 인해 데이터 분

석, 머신 러닝 등 AI 분야에 다양하게 활용되고 있다. 따라서 AI 분야를 공부하기 위해서는 Python 언어 공부가 필수적이다.

NumPy는 Numerical Python의 약자로, 대규모 다차원 배열을 다루는 라이브러리다. Python은 느린 속도가 큰 단점이나, Numpy는 python이 glue language인 점을 이용해 라이브러리 내부를 C 언어로 구현해 속도가 빠른 것이 특징이다.

빠른 속도와 더불어 편리한 사용성으로 python의 대표적인 라이브러리가 되었다. Scikit-learn, Tensorflow, Pytorch 등 인기 있는 기계 학습, 딥 러닝 라이브러리들은 모두 Numpy를 기반으로 만들어졌다.

Matplotlib은 data를 차트chart나 플롯plot으로 그려주는 시각화visualization 라이브러리다. pyplot이라는 서브 패키지를 주로 사용하는데 matlab이라는 수치해석 소프트웨어의 시각화 명령을 거의 그대로 사용할 수 있다. 기계 학습에서는 학습 데이터에 대한 이해를 돕기 위해서 활용한다.

Pandas는 R의 통계기능과 유사한 라벨링 된 데이터 구조를 제공해 Python의 활용성을 높여주는 데 활용한다.

Scikit-learn은 Python으로 구현된 가장 유명한 기계학습 오픈소스 라이브러리다. 기계 학습의 여러 가지 알고리즘 및 데이터 처리 기법을 쉽고 빠르게 적용해보고 최상의 결과를 얻을 수 있어서 기계 학습을 대표하는 라이브러리가 되었다.

Seaborn은 Matplotlib을 기반으로 다양한 색상 테마와 통계용 차트 등의 기능을 추가한 시각화 패키지다. 기본적인 시각화 기능은 Matplotlib 패키지에 의존하며, 통계 기능은 Stats models 패키지에 의존한다.

최근 CodeinGame.com에서 전 세계 소프트웨어 개발자 20,000명을 대상으로 조사한 결과를 발표했다.[37] 잘 알고 주로 쓰는 언어는 자바스크립트(65.46%), 자바(62.74%), Python(57.13%), C++(51.73%), C(49.58%) 순서이다. Clojure언어는 1.4%만이 사용하고 있다고 답했다.

많은 사람이 사용하지 않는 희소성이 있는 언어는 그 언어를 필요로 하는 곳에서는 그 효용이 크지만, 범용성이 없어서 많은 사람이 그러한 언어는 잘 학습하지는 않는다.

코딩 언어의 사용자 편의성에 따라 많이 사용하고 있는 언어와 가장 좋아하는 언어는 조금 차이가 있다, Python(35.97%), 자바스크립트(29.48%), 자바(29.1%), C#(24.98%), C++(24.26%) 순서로 좋아했다.

다루기 어려운 언어로는 PHP(25.10%), 자바(23.93%), 자바스크립트(21.29%), VB.NET(17.27%), C(15.44%)를 꼽았다. 인기 프레임워크는 Node.js(35.76%), React(23.80%), NETCore(22.82%), 기타(21.38%),

---

37   https://www.codingame.com/work/codingame-developer-survey-2021/

AngularJS(20.26%), Spring(18.48%) 순이다.

　　그들은 코딩을 어디서 배웠을까? 조사대상의 58%는 학교에서 소프트웨어 개발을 배웠다고 응답했지만, 약 35%는 독학으로 학습했다고 응답했다.

　　온라인 교육 강의와 유튜브 등 소프트웨어 개발 관련 좋은 콘텐츠가 공급되고 있어 소프트웨어 개발에 관심만 있다면 대학교 정규 과정을 학습하지 않고서도 소프트웨어 개발자가 될 수 있다.

　　소프트웨어 개발자들의 약 1/3은 학교 수업 및 회사 업무 외에도 하루 1시간 이상 소프트웨어 개발을 하고 있다고 밝혔다. 반면에 직무를 수행하는 과정에서 소프트웨어 개발을 학습하지 않은 것으로 나타났다. 이는 소프트웨어 개발자로서의 직무를 수행하기 위해서는 소프트웨어 개발 역량을 반드시 갖추어야 하며 다른 직무 수행자가 소프트웨어 개발 직무로 전환하는 것이 어렵다는 것을 의미한다. 비IT 직무를 수행하고 있는 산업 전문가가 소프트웨어 개발 역량을 갖추기란 쉽지 않다.

　　대부분 대학교 과정을 이수한 것으로 조사되었다. 2년제 전문대학(10.37%). 3년제 전문대학(11.18%), 학사(26.56%), 석사(28.2%), 박사(2.02%) 과정의 비율이었다. 정규 과정을 이수하지 않은 소프트웨어 개발자도 21.67% 있었다.

　　대학교 과정을 이수한 사람의 대부분은 컴퓨터 관련 전공을 학습했으나 약 10% 정도는 경영, 건축, 마케팅, 철학 등 컴퓨터와 관련 없는 학과를 전공한 것으로 조사되었다.

소프트웨어 개발자들은 소프트웨어 개발 역량을 발전시키기 위해 64.9%는 블로그 등 온라인 자료를 통해 지속적으로 학습하고 있다. 60.8%는 새로운 소프트웨어 개발 기술을 학습하는데 유튜브를 선호하는 채널이라고 응답했다.

최근 트랜드를 반영하듯 소프트웨어 개발자들은 AI·기계 학습(49.17%), 게임 개발(35.43%), 웹 개발(33.14%), 모바일 개발(26.04%)에 관심이 많으며, 인터넷 자료(블로그, 문서 등)와 유튜브, 온라인 교육 프로그램, 기술 서적을 이용해 관련 분야를 공부한다고 답했다.

코딩을 학습해 AI 기술을 적용하는 것은 AI 솔루션이 제공하지 못하는 영역의 AI 모델을 개발하는 데 장점이 있다. 코딩을 할 줄 알면 개발할 수 있는 범위가 다양해지므로 유리한 점이 있다.

AI 솔루션을 활용해서 AI 기술을 적용하다 보면 코딩을 배우고 싶을 때가 올 것이다. AI 솔루션을 활용하면서 코딩에 대한 기본적인 이해가 되어 훨씬 코딩을 쉽게 배울 수 있다. 무엇보다 코딩을 배우고 싶은 욕구가 생겼기 때문에 코딩을 학습하면서 겪을 어려움을 극복할 수 있다.

5
넘쳐나는 무료 AI 교육

왕초보를 위한 무료 AI 교육

AI 관련 교육 과정은 다양한 채널을 통해 공급되고 있다. 유튜브를 포함한 소셜 미디어 플랫폼에서 AI 분야의 교수 및 현장 전문가들이 AI 기술 관련 채널을 운영하고 있다. 그러나 유튜브, 페이스북에서 제공되는 교육 콘텐츠는 일반인들이 교육 과정의 난이도와 신뢰도를 평가하기 어려워 체계적인 교육을 위해서는 다소 부족한 점이 있다.

구글 브레인의 책임자로 일했던 앤드류 응Andrew Ng이 코세라 및 유튜브를 통해 제공하는 머신 러닝 교육 과정도 매우 인기가 높다. 코세라에서 영어 강의를 AI 기술을 활용한 한글 스크립터를 제공하고 있으나, 번역이 매끄럽지 않아 영어로 강의를 들을 수 있다면 추천할만한 교육 과정이다.

영어로 진행하는 학습에 어려움이 있는 사람은 홍콩 과기대 김성

훈 교수(AI 스타트업 '업스테이지' 대표, 총 600만 뷰 이상을 기록한 '모두를 위한 딥 러닝' 강사)의 머신 러닝 유튜브 강의도 추천할만하다.

소프트웨어 개발 경력이 있는 전문가들이 일반인이 소프트웨어 개발자가 되는데 필요한 교육 과정을 무료로 공급하는 오픈 튜토리얼스 www.opentutorials.com가 있다. 일반인이 이해하기 쉽게 기획된 소프트웨어 개발 교육이라 지루하지 않게 학습할 수 있는 장점이 있다.

오픈 튜토리얼스가 개발한 서말('구슬이 서말이어도 꿰어야 보배'에서 따온 서비스)에서 교육 체계도를 제공하고 있어 어떤 경로로 공부하면 소프트웨어 개발자가 될 수 있는지 교육 과정을 잘 안내하고 있다.

최근에는 머신러닝 야학 과정도 개설해 운영한다. 머신러닝 야학 과정에서는 Orange3, 텐스플로우와 같은 솔루션을 활용해 AI에 대한 기본적인 지식과 AI를 실제로 체험해볼 수 있는 과정으로 기획되었다.

무료 교육 콘텐츠 사례

[생활 코딩 (https://opentutorials.org/course/1)]

무료로 코딩교육 콘텐츠를 제공하고 있는 오픈 튜토리얼스 운영자인 이고잉님을 만나 컴퓨터 프로그래머가 되기 위해 무엇을 어떻게 학습해야 하는지 들어봤다.

그는 국문과 공부를 했지만, 컴퓨터 프로그래밍에 관심이 생겨 소프트웨어 개발자가 되었다고 한다. 웹 개발자로 10년 정도 근무한 자신의 경험을 활용해 일반인 누구나 소프트웨어를 개발할 수 있도록 가르치는 교육자로 변신했다.

대부분의 시간을 소프트웨어 개발교육 콘텐츠 개발을 하고 있으며 교육생들에게 무료로 제공되는 소프트웨어 강의에서만 강의하는 원칙을 지켜오고 있다.

4차산업혁명 시대에 어울리는 소프트웨어 개발자 교육 과정 연구에 관심이 있는 9명의 소프트웨어 개발자가 참여해 비영리 단체인 오픈 튜토리얼스를 만들었다. 오픈 튜토리얼스의 설립 취지에 공감하는 사람들이 자발적으로 납부한 후원 회비로 서비스가 운영되고 있다고 한다.

생활 코딩은 오픈 튜토리얼스 플랫폼에서 이고잉님이 운영하는 코딩 관련 서브 플랫폼이다. 오픈 튜토리얼스는 생활 코딩과 같은 활동을 하는 사람들을 지원해주고 있다.

생활 코딩의 대부분의 콘텐츠는 이고잉님의 재능기부로 만들어지고 있으며, 컴퓨터 프로그래밍에 대해 일반인들이 학습할 수 있는 교육을 무료로 제공하고 있다. 교육 콘텐츠에 들어가는 이미지 작업에 참여하는 아티스트와 교육 운영을 지원하는 인력들은 최소한의 보수를 제공한다.

최근에는 머신러닝 야학 과정도 개설해 운영했다. 머신러닝 야학 과정에서는 아래와 같이 AI에 대한 기본적인 지식과 AI를 실제로 체험해볼 수 있는 과정으로 기획되었다.

- 머신 러닝1 : https://opentutorials.org/course/4548
- Orange3 : https://opentutorials.org/course/4549
- 텐서플로 : https://opentutorials.org/course/4570

- 텐서플로 (JavaScript) : https://opentutorials.org/course/4628
- 텐서플로 이미지 분류 : https://opentutorials.org/module/5268
- Orange3 지도학습 : https://opentutorials.org/course/4569
- Teachable machine & WEB : https://opentutorials.org/course/4578

모든 교육 콘텐츠를 유튜브에서 볼 수 있으나, 학습자들에게 동기를 부여하기 위해 기간을 정해놓고 학습을 마치도록 유도하기 위한 과정으로 만든 것이다.

생활 코딩의 머신 러닝 교육 과정은 오픈 튜토리얼스에서 개발한 서말에서 교육 체계도를 제공하고 있다. 교육 체계도에 따라 오픈 튜토리얼스가 제공하는 교육 과정을 학습하면서 소프트웨어 개발자가 되도록 안내하고 있다.

필자는 오픈 튜토리얼스 및 생활 코딩이 무료로 제공하는 소프트웨어 교육 콘텐츠를 학습하면서 소프트웨어 개발자가 되고자 하는 일반인들이 처음으로 이 플랫폼을 활용하면 좋겠다는 생각을 했다.

교육부, 노동부, 중기부, 과기부, 산업부에서 소프트웨어 개발자를 양성하기 위한 다양한 교육 과정을 운영 중에 있다. 그러나 대부분 교육 과정은 컴퓨터 언어에 대한 선수 지식을 필요로 하기 때문에 왕초보들은 교육을 받을 기회를 얻기가 어렵다.

일반인들이 소프트웨어 개발자가 되기 위한 동기를 확인하고 기본적인 내용을 이해하는 오픈 튜토리얼스의 교육 과정은 소프트웨어 개발자가 되기 위한 첫걸음으로 좋은 교육 채널이다.

필자는 정보통신산업진흥원에서 ICT 인력 양성 분야 연구위원으로 소프트웨어 개발 관련 다양한 교육 과정을 검토해볼 기회가 많다. 교수님들이 만든 콘텐츠는 너무 체계적이고, 아카데믹해서 지루한 감이 있었고, 현장의 소프트웨어 개발자들이 제공하는 강의 형식의 교육은 너무 전문적인 용어를 사용하고 강의의 속도가 빨라 이해하는 데 어려움이 있었다. 그러나 생활 코딩 교육을 실제로 학습해본 필자는 오픈 튜토리얼스의 교육 과정은 무엇보다도 지루하지 않게 잘 기획된 콘텐트라서 한달음에 모든 교육을 학습할 수 있었다.

이 책을 읽는 독자 중에 컴퓨터 프로그래밍 언어에 대해 모르는 일반인이라면 오픈 튜토리얼스를 이용해 학습을 시도해보기를 권한다.

[서말 체계도]

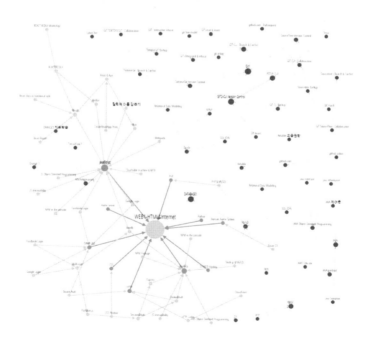

정부의 무료 AI 교육

정부에서도 국민의 AI 기술 교육을 위해 다양한 무료 교육 과정을 제공하고 있다. 교육부(K-MOOC), 노동부(스마트 직업 훈련 플랫폼, STEP)에서는 자체 온라인 교육 플랫폼을 구축해 운영하고 있다. 과기부, 산업부, 중기부는 대학 및 민간 교육기관의 교육 플랫폼 및 교육 과정을 이용하고 있다.

[AI 학습 체계]

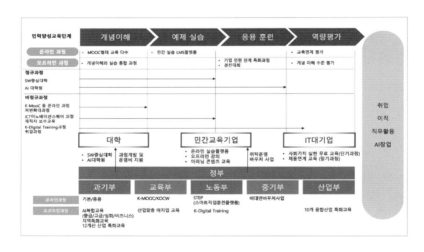

AI 인재 양성은 과기부 주도로 다양한 사업이 운영되고 있다. ① 자기주도 학습 기반의 혁신적 교육인 비 학위 2년 과정의 이노베이션 아카데미, ② 정규적인 학과 과정으로는 소프트웨어 중심 대학(40개)과 AI 대학원(5개), ③ 전국 5대 권역 (수도권, 동북권, 동남권, 충청권, 호

남권)에 이노베이션 스퀘어 공간을 구축해 AI 관련 교육 및 실습 훈련, ④ 산업 전문인력 AI 역량 강화를 위해 12개 산업 분야에 특화된 AI 교육을 지원하고 있다.

중기부는 중소기업의 재직자를 대상으로 민간 교육 기업의 AI 교육을 수강할 수 있도록 바우처를 제공하고 있다. 산업부는 융합형 AI 인재를 양성하기 위해 8개 산업 분야에 특화된 AI 교육을 제공하고 있다.

이 외에도 IT 분야의 대기업들이 AI 인력을 양성하기 위한 다양한 무료 교육 과정을 개설해 운영 중이다.

[정부 무료 AI 교육 과정]

운영주제	사업/사이트명	특징
교육부 국가평생교육진흥원 (nile.or.kr)	K-MooC (kmooc.kr)	대학의 우수강좌를 일반인에게 공개한 교육으로 AI 분야 115 무료 강좌 제공
	매치업 프로그램 (matchup.kr)	산업수요에 맞춘 AI 교육 과정을 제공하고 있으며 학습자의 직무 능력을 평가 인증함
교육부 교육학술정보원 (keris.re.kr)	kocw.kr	국내외 대학에서 공개한 AI 교육 과정(152개) 제공 무료 과정
고용노동부 기술 교육대학교 (koreatech.ac.kr)	스마트직업훈련 플랫폼 (step.or.kr)	AI관련 33개 과정 제공 중 무료 과정
고용노동부 한국고용정보원 (keis.or.kr)	K-Digital Training (hrd.go.kr)	직업능력심사평가원의 심사를 거쳐 선정된 디지털·신기술 분야 훈련 과정 약 4개월의 전문 교육
과학기술정보통신부 정보통신산업진흥원 (nipa.kr)	이노베이션 스퀘어 (ictinovation.kr)	전국 5대 권역(수도권, 동북권, 동남권, 충청권, 호남권) 에서 오프라인 교육 과정 운영 ※ 코로나19로 인해 임시로 온라인 교육 중 중, 고급, 비즈니스 과정(각 160시간)으로 교육생 선발해 문료 과정 운영

과학기술정보통신부 정보통신산업진흥원 (nipa.kr)	산업 전문 인력 AI 역량 강화	12개 산업분야 관련 온·오프라인 특화 과정 운영 위탁운영 기관을 통해 교육생 선발해 무료 과정 운영
	AI 온라인 교육	매년 민간 위탁 기관을 정해 AI 일반(60시간), 응용(60시간) 무료 과정 운영
중소벤처기업부 창업진흥원 (kised.or.kr)	비대면 바우처 플랫폼 (k-voucher.kr)	중소기업 대상 최대 400만 원 바우처(자부담 10% 포함)를 제공해 재직자의 교육지원 민간 교육기관의 AI 교육 과정 이용가능
산업통산자원부 한국산업기술진흥원 (kiat.or.kr)	AI융합형 산업현장 기술인력 혁신역량 강화	8개 산업분야 관련 온·오프라인 특화 과정 위탁운영 기관을 통해 교육생 선발해 운영

위에서 언급한 것처럼 AI 교육에 관해 관심만 있다면 무료로 학습할 수 있는 교육이 넘친다. 전문화된 정부의 무료 교육은 교육생으로 선발되어야 학습할 수 있어서, 유튜브에서 제공되는 기초적인 AI 지식을 학습하고 먼저 수강 능력을 확보하여야 한다.

AI 기술을 학습하고자 하는 동기도 확실해야 교육생으로 선발될 수 있다. AI 개발자로 성장하기 위해 학습하고 노력한 포트폴리오를 만들어서 학습에 대한 의지를 소개할 수 있어야 한다.

민간의 무료 AI 교육

IT 대기업들은 사회적 가치 실현과 인재를 확보키 위해 무료 AI 교육 과정을 운영하고 있다. 해당 기업에 취업하고자 한다면 IT 대기업들이 제공하는 AI 교육 과정에 도전해볼 만하다.

[주요 대기업 AI 교육 과정][38]

대상	기업	명칭	주요 내용
일반 초급 개발자 대학생	삼성	청년아카데미	· 문제해결 능력을 갖춘 경쟁력 있는 차세대 소프트웨어 인력 양성 · 취업 지원센터 운영을 통해 일자리 정보 제공 및 취업 상담·컨설팅 제공
	포스코	청년 AI·빅데이터 아카데미	· 기업 수요가 증가하는 AI·빅데이터 전문 역량 확보 · 성적우수자 포스코 그룹 채용 또는 포스텍 인턴 기회 제공
	SK	행복성장 캠퍼스	· 청년 구직자 역량 강화를 통한 취업 경쟁력 확보 · SK 핵심 협력사 인턴쉽 및 취업 연계
	네이버 커넥트 재단	부스트코스	· 원하는 실질적인 프로그래머 교육 · 우수 수료생에게 기업 연계 기회 제공
		부스트캠프	· 현업 전문가와 함께 업무 경험과 스킬 함양(기업 현장 프로젝트 교육)
	우아한 형제들	테크캠프	· 전문 개발자 양성 교육을 통한 신입 인력 채용(인턴 연계 과정)
		테크코스	· IT 기업의 실무에 투입 가능한 실력을 갖춘 개발자 양성
	LG전자	소프트웨어 석사과정 (KAIST)	· 소프트웨어 전문 인력 양성 (AI 기반 기계학습 엔지니어) · 채용 계약형 교육 과정
초중고 학생	LG CNS	IT 드림프로젝트	· 컴퓨팅적 사고력과 창의력 및 문제해결 능력을 갖춘 IT 인재 양성 (대학생 및 임직원 멘토 참여를 통해 학생들의 관련 진로 탐색 지원)
	LG CNS	코딩지니어스	
	IBM	서울 뉴칼라스쿨 (P-TECH)	· 산업계 전문 역량과 기본 업무 역량을 키움으로써 구직자와 업계 연계 · 고등학교(3년)와 2년제 전문 학사 과정의 통합된 체계로 고등학교 졸업장 전문학사 학위 취득 가능
	카카오	NEXT 프로그램	· 교사와 학생 대상으로 미래 기술과 진로 소개

38　디지털전환을 대비하는 기업주도 AI·SW 교육동향(SPRI)

6
반복으로 완성되는 AI 기술

경쟁을 통한 실전 훈련

지식은 한번 이해하면 오래간다. 그러나 기술은 자기 몸에 들어올 때까지 반복해서 훈련해야 오래간다. 수영하는 방법을 알려주는 책을 보면 수영하는 방법을 알 수 있다. 그러나 방법을 이해했다고 곧바로 수영을 잘할 수는 없다. 직접 팔과 다리를 움직여보고 자기 몸에 맞는 영법을 찾아야 수영을 잘할 수 있다.

코딩으로 AI를 하든 노코딩으로 AI를 하든 AI 기술도 수영처럼 반복 훈련을 많이 해야 실제 현장에 적용할 수 있다. 아는 수준에 머물러서는 취업하기 어렵다. AI 기술을 현장에서 활용할 수 있는 수준이 아니기 때문이다. 배운 내용을 실제 데이터를 활용해 문제를 해결하는 연습을 꾸준히 해야 한다.

캐글www.kaggle.com을 이용하여 AI 기술적용 훈련을 할 수 있다. 2010년 빅데이터 솔루션 대회 플랫폼 회사로 설립되어 2017년 3월 구글에 인수된 캐글에서는 다양한 데이터셋 및 개발 환경을 제공하고, 사회적 이슈 및 산업 분야의 문제를 해결하는 경진대회를 열고 있다. 캐글은 데이터 사이언스 경진대회 플랫폼으로 여러 개의 주제 중에서 선택해서 해당 주제에 대한 데이터를 활용해 문제를 해결하는 형식으로 진행한다.

자전거 공유와 관련된 Bike Sharing Demand 과제의 예를 들면, Data Sources는 학습을 위한 Dataset인 train.csv, 예측을 위한 Dataset인 test.csv, 예측 결과를 담아 Kaggle에 제출하기 위한 sampleSubmission.csv 총 세 가지의 파일로 구성되어 있다.

한편 ILSVRCImageNet Large Scale Visual Recognition Competieion은 ImgeNethttp://www.image-net.org/challenges/LSVRC/에서 제공하는 이미지를 인식하거나 분류하는 경진대회다. 대용량의 이미지셋을 주고 이미지 분류 알고리즘의 성능을 평가한다. 매년 가장 성공적인 결과를 낸 참석자를 초대해 발표할 기회를 제공하며 평가 서버를 활용해 테스트 세트에서 이미지 분류 결과를 평가한다.

SuperGLUE 대회는 2018년에 뉴욕대, 워싱턴대, 딥마인드의 자연어 처리 연구자들이 함께 만든 언어 벤치마크로 언어 능력을 측정하는 9가지 테스트셋을 포함하고 있다. 2019년에 GLUE와 유사한 컨셉의 8가지 과제를 포함하지만 더 어려운 SuperGLUE라는 벤치마크를 만들었다. 불과 1년 만에 인간 수준에 0.6점 차이로 근접한 결과도 있었다. NLP_{Natural Language Processing, 자연어처리} 연구자들이 '대규모 멀티태스크 언어 이해도 측정_{Measuring Massive Multitask Language Understanding}'이라는 다양한 분야(법, 물리, 수학, 의학 등)의 문제를 제시하고 있다.

AI, 소프트웨어 개발자 경진대회는 국내외에서 개최되고 있다. 대회에 참가해 경쟁해봄으로써 자신의 현재 역량을 객관적으로 평가해보면 무엇을 더 학습해야 하는지 알 수 있으며, 더 학습해야겠다는 동기를 부여받을 수 있다.

경진대회에서의 수상 성과는 자신의 역량을 객관적으로 입증할 수 있어 취업할 때 매우 잘 활용할 수 있다. 국내 IT 대기업인 네이버도 실무 전문가와 함께하는 AI 모델링 챌린지 '클로바 AI 러쉬_{CLOVA AI RUSH}' 대회를 개최하고 있다. 이 대회를 개최하고 운영하는데 수십억 원이 소요된다고 한다. 그러나 이 대회를 통해 실력 있는 개발자를 찾아 채용함으로써 AI 인재를 확보하는 것이다.

[AI 개발 경진대회]

구분	사이트명
공개 소프트웨어 개발자 대회 (과기부 NIPA-국내대회)	https://www.oss.kr/dev_competition
AI 챔피언십 경진대회 (중기부 창업진흥원-국내대회)	http://kstartup-aic.com/main/index.php
Startup Coding Festival (스타트업연합-국내대회)	https://scofe2021.goorm.io/assessment/25665/ startup-coding-festival-2021
Google Summer of Code (Google-국외대회)	https://summerofcode.withgoogle.com/
Code Jam (Google-국외대회)	https://codingcompetitions.withgoogle.com/ codejam

Hacker Cup (Facebook-국외대회)	https://www.facebook.com/codingcompetitions/hacker-cup/
TCO-Topcoder Open(Topcoder-국외대회)	https://tco21.topcoder.com/competition-overview
Codeforces (러시아 국제 프로그래밍 대회 사이트로서 세계 각국 프로그래머들이 서로 문제를 출제하고 풀며 경쟁)	https://codeforces.com/
HackerRank CodeSprint (HackerRank-국외대회)	https://www.hackerrank.com/codesprint5/
"캐글(Kaggle)" (AI 개발자들의 온라인 최대 커뮤니티이자 AI 경진대회)	https://www.kaggle.com/competitions
AI Cup (Mail.Ru Group-국외대회)	https://russianaicup.ru/?locale=en

AI 팩토리http://aifactory.business/는 산업계의 문제를 AI 기술을 적용해 해결하는 경진대회를 개최하고 있다. AI 기술 학습 과정을 몇 단계로 나누어 평가하고 경진대회를 후원하는 고객과 참가자에게 상호 피드백을 제공함으로써 성능 좋은 AI 모델을 만들 수 있도록 지원한다.

단계적인 평가를 통한 집단 지성을 활용하면 고객과 개발자가 협력을 통해 정확도를 개선할 수 있다. 한 단계의 AI 학습이 끝나면 결과를 분석해서 데이터셋을 변경해서 리스크를 줄일 수 있는 것이다.

AI 팩토리에서 진행하는 경진대회에 참가하면 참가자의 AI 학습 결과물의 정확도를 평가해서 참가자의 역량을 객관적으로 평가할 수 있다. 자연어, 비전, 음성 기술 훈련에서 어느 분야에서 우수한 역량이 있는지도 알 수 있다. 참가자들의 AI 학습 결과를 단계별로 확인할 수 있어 선한 경쟁으로 동기부여가 되기 때문에 참가자들이 AI 학습에 더 몰입하게 된다.

AI 모델을 개발할 때 한두 명 회사 인력이 만들어도 다양한 케이스 실험이 필요하므로 크라우드 소싱하면 최적화된 모델을 얻을 수 있다.

넷플릭스 추천 시스템도 경진대회(약 11억 원)에서 2등 한 모델이 상용화되었다. AI 기술 학습자들이 AI 기술 경진대회에 참가해 동료들과 경쟁하면서 최적화된 AI 모델을 만드는 훈련을 할 수 있다.

실전 훈련을 위한 무료 시설

정보통신산업진흥원에서는 AI개발 역량을 훈련할 수 있도록 지원하는 ICT 이노베이션스퀘어www.ictinnovation.kr를 전국 5개 지역수도권, 동남권, 동북권, 충청권, 호남권에 운영하고 있다.

노코딩 AI

ICT 이노베이션스퀘어는 AI 관련 교육과 훈련을 지원하기 위한 공간이다. AI 관련 소프트웨어 개발 및 테스트를 위해 서버, 고성능 PC, 개발 및 네트워킹을 할 수 있는 공간을 무료로 지원하고 있다.

기술 멘토와 창업 멘토도 운영하고 있어 AI 기술을 활용한 서비스를 개발하고 창업하는 데 어려움이 있으면 전문가의 도움을 받을 수 있으며 사회의 다양한 문제 해결을 주제로 실전 역량을 강화할 수 있도록 지원하는 훈련 프로그램도 운영하고 있다. 특히 지역의 특화 산업과 연계한 교육을 제공해 지역에서 필요한 AI 전문가로 성장하는데 필요한 기술 교육과 훈련을 할 수 있다. 또한 AI 분야 취업과 창업을 원하는 사람들이 모여 있어서 서로 팀을 만들어 AI 프로젝트를 진행해봄으로써 개발 역량을 강화할 수 있다.

정부는 국민과 기업이 AI 개발을 할 수 있도록 '데이터 댐'을 구축해 지원하고 있다. 이 책의 독자들이 데이터 댐의 데이터와 정부에서 제공하는 AI 기술 적용 훈련 시설을 활용하고, 훈련을 통해 익힌 자신의 AI 기술 역량을 바탕으로 AI 기술 경진대회에 참가해 객관적으로 평가해봄으로써 AI 기술이 자신의 것이 될 때까지 훈련을 계속하길 바란다.

< ICT 이노베이션 스퀘어 지역별 현황 >

권역	ICT 콤플렉스	지역별 AI 교육 특화 산업
수도권	• AI 딥 러닝 고성능 PC, 서버 제공 • 기술·창업 세미나, 네트워킹, AI 기술 경진대회, 잡페어 등 운영	해당없음
동남권	• AI 딥 러닝 워크스테이션 및 클라우드 개발 환경 제공 • 아이디어 교류 및 협업 지원을 위한 멘토링, 경진대회, 창업 교육, 취업 지원 프로그램 운영	(부산) 지능정보 서비스, 해양·물류 (경남) 스마트 제조 (울산) 조선, 화학, 자동차
동북권	• 일자리 연계 (창업 특강, JOB 워크숍, 창업 공모전) • 기술/협업 지원 프로그램 운영 (세미나, 실증랩, 해커톤 등)	(경북) 미래형 모빌리티, 차세대 에너지, 바이오 (강원) 모빌리티, 관광, 의료 (대구) 자동차, 스마트시티, 의료 기반산업
호남권	• 개발자 중심 기술 교류 (개발자 서밋, 소그룹 지원 등) • 아이디어에서 아이템 사업화까지 원스톱 지원(공모전, 멘토링 등) • AI 기초 교육(코딩, AI 어노테이터 등)	(광주) 자동차, 에너지, 헬스케어, 문화콘텐츠 (전남) 에너지, 농수산, 트랜스포트 (전주) 농생명, 금융
충청권	• 멘토링, 창업 교육 등 창업 · 개발자 지원 • AI & ICT 메이커톤, AI 포럼 • 충청권 데이터·AI 주간 운영	(대전) ICT 융합, 무선통신 융합, 로봇지능화 (충북) 스마트 IT 부품(반도체), 바이오헬스 (충남) 차세대 디스플레이, 수송 기계 부품 (세종) 첨단 수송기기 부품, 의료 정밀

1인 1 AI 시대

《블록과 함께 하는 Python 딥 러닝 케라스》책의 저자이자 AI 관련 오픈 커뮤니티의 운영진으로 활동하다 집단 지성을 활용한 AI 인재 플랫폼으로 창업한 'AI 팩토리'http://aifactory.business/ 김태영 대표를 만나 AI 솔루션이 가져올 미래를 전망해보았다.

노코딩 AI

딥 러닝 모델을 활용하는 사람을 다음과 같이 분류할 수 있는데, 아직 코딩으로 AI 모델을 만들 수 있는 사람은 많지 않다면서 AI 기술로 돈을 벌 수 있는 사람이 많아지기 위해서는 혁신적인 AI 기술 교육이 필요하다고 주장했다.

1. AI에 단순 호기심이 있는 사람으로 AI 기술을 배우는 사람
2. 파이토치, 텐서플로 등 AI 솔루션을 활용해 AI 모델을 만들어 본 사람
3. AI 모델로 웹 서비스를 하는 사람
4. 웹 서비스로 돈을 버는 사람

그는 박사과정에서 태양 측면 영상을 AI를 이용해 복원하는 연구가 국제적으로 인정되어 〈NATURE Astronomy〉에 게재된 적이 있다고 한다. 오픈 모델을 활용하고 도메인 전문가가 구축한 데이터셋을 학습시켜 협업을 통해 성과를 만들어냈다.

산업계에 AI 기술을 적용하기 위해서는 AI 솔루션을 활용한 공동연구가 활발해질 것으로 전망했다. FDL Frontier Development Lab에서도 우주 관련 AI 기술을 적용하는데 협업을 통해 진행하고 있다고 한다.

문제 정의(문제 정의·평가 방법 정립, TASK) → 데이터셋(학습용/시험용) → AI 모델(소스코드/모델 가중치) → 서비스 운영과 같이 AI 기술 적용 프로세스를 혼자서 모두 하기 어렵다. 따라서, AI 기술 학습은 집단 지성이 필요하다. 서로 AI 기술을 학습하는 과정에서 토론하면서 더 우수한 AI 모델을 만들 수 있기 때문이다.

AI 기술 적용은 많은 선행 지식이 필요하고 문제 정의, 문제 평가 방법, 데이터셋 만드는 것 등 어려움이 많고 투자 대비 성과를 미리 알기 어려워 코딩 기반으로 AI 모델을 만드는데 선뜻 투자하기 어렵다. 그래서 그는 AI 솔루션을 활용해 AI 기술을 빠르게 적용해 AI 모델을 만드는 AI Factory가 되는 시대가 될 것으로 전망했다. 현재 운영 중인 AI 인재양성 플랫폼에서 AI 기술 학습 → 경진대회 → AI 역량 평가 → AI 학습 추천 → AI 모델 추천이 가능해 AI 기술 학습과 AI 모델 개발의 선순환 구조가 이뤄지도록 할 계획이라 말했다.

AI 솔루션을 활용하면 데이터 전처리는 물론 클래스 불균형을 해결해준다. autoML 컴퓨팅 자원을 주면 데이터셋에 맞추어 알고리즘을 만들 수도 있다. autoML이 사람이 코딩한 것보다 더 높은 정확도를 보인 사례가 있다고 한다.

데이터의 중요성이 강조되면서 데이터 공개를 꺼리는 경우도 있으나 비 식별 조치, 암호화 처리, 보안망 구성 등을 통해 오리지널 데이터 유출을 방지하면서 클라우드 소싱 기반의 모델을 개발할 수 있는 방법이 고도화하고 있다. 그래서 여러 기업이 AI 경진대회를 통해 산업 현장의 문제를 해결하려는 시도가 늘어나는 추세다.

처음에는 유튜브 방송 콘텐츠를 만들기도 어려웠지만 플랫폼 기술이 발전하면서 누구나 유튜브 방송을 할 수 있는 시대가 되었다. 바야흐로 1인 1 크리에이터'시대다.

AI 시대에는 AI 솔루션을 제공하는 플랫폼에서 나만의 AI 알고리즘을 만드는 시대가 될 것이다. 인스타그램에 자신의 일상생활 콘텐츠로 자신을 뽐내듯 누구나 AI 모델을 만들어 실력을 뽐낼 수 있는 소셜 미디어 플랫폼이 나올 것이다.

AI 모델을 사고팔고 기술을 교류할 수 있는 소셜 미디어 플랫폼도 나올 것이다. AI 솔루션 기술 발전으로 누구나 AI 모델을 개발하는 1인 1 AI를 지나, 한 사람이 여러 개의 AI 모델을 개발하고 거래하는 시대가 올지도 모른다.

참고도서

1. 《모두 거짓말을 한다》, 세스 스티븐스 다비도위츠, 더퀘스트
2. 《AI 시대 인간과 일》, 토머스 대븐포트/줄리아 커비, 김영사
3. 《수학의 쓸모》, 닉 폴슨/제임스 스콧, 더퀘스트
4. 《딥 러닝 레볼루션》, 테런스 J. 세즈노스키, 한국경제신문
5. 《AI의 마지막 공부》, 오카모토 유이치로, 유노북스
6. 《메타버스》, 김상균, 플랜비디자인
7. 《특이점이 온다》, 레이 거즈와일, 김영사
8. 《하이테크 전쟁: 로봇 혁명과 21세기 전투(원저: Wired for War: the robotics revolution and conflict in the twenty-first century)》, 피터 W. 싱어, 권용근 옮김, 지안출판사
9. 《마케팅 조사》, 이학식, 집현재
10. 《클라우스 슈밥의 제4차 산업혁명》, 클라우스 슈밥, 메가스터디북스
11. 《클라우스 슈밥의 제4차 산업혁명 The Next》, 클라우스 슈밥, 메가스터디북스
12. 《AI 개념 및 응용》, 김종완 외, 사이텍미디어
13. 《머신 러닝 교과서 with Python, 사이킷런, 텐서플로》, 세바스찬 라시카/바히드 미자리리, 길벗
14. 《인공지능-컴퓨터가 인간을 넘어설 수 있을까?》, 사이언티픽 아메리칸, 한림출판사
15. 《통계학, 빅데이터를 잡다》, 조재근, 한국문학사
16. 《4차 산업혁명 시대 IT트렌드 따라잡기》, 오컴 외, 살림
17. 《스마트공장 경영과 기술》, 배경환, 드림디자인
18. 《예측기계》, 어제이애그러월 외, 생각의 힘
19. 《Python 머신 러닝》, 세바스티안 라슈카, ㈜지앤선
20. 《처음 배우는 딥 러닝 수학》, 와쿠이 요시유키 외, 한빛미디어
21. 《Python 머신 러닝 판다스 데이터분석》, 오승환, 정보문화사
22. 《소프트웨어와 컴퓨팅 사고》, 김대수, 생능출판
23. 《AI 2045 AI 미래보고서》, 일본경제신문사, 반니
24. 《AI 개발이야기》, 야마모토잇세이, 처음북스
25. 《AI 슈퍼파워》, 리카이푸, 이콘
26. 《3년후 AI 초격차 시대가 온다》, 정두희, 청림출판
27. 《데이터 과학을 위한 통계》, 피터 브루스 외, 한빛미디어
28. 《디지털대전환의 조건》, 위르켄 메페르트 외, 청림출판
29. 《프로그래머를 위한 기초 해석학》, 나카이 에츠지, 길벗
30. 《재미나는 생각, AI와 게임》, 줄리안 코겔리우스, ㈜에이콘출판
31. 《모르면 손해보는 IT이야기》, 이상옥, 와우북스
32. 《우리가 꿈꾸는 스마트한 세상》, 서영진, 프리렉
33. 《4차 산업혁명을 이끌 IT 과학이야기》, 이재영, 로드북

34. 《2017 한국을 바꾸는 7가지 ICT 트렌드》, KT경제경영연구소, 한스미디어

35. 《AI 사람에게 배우다》, 우정훈, 비앤컴즈

36. 《빅데이터가 만드는 제4차 산업혁명》, 김진호, 북카라반

참고보고서

1. 〈4차 산업혁명 대응을 위한 AI 인재양성 방안 연구(2019)〉, 추형석/소프트웨어정책연구소

2. 〈ICT 인재양성 중장기 전략방안 연구(2019)〉, 이홍재/㈜데이타앤밸류

3. 〈AI 인재 수급 실태조사 연구(2020)〉, AI 정책연구팀/소프트웨어정책연구소

4. 〈AI · SW인재양성 교육 프로그램 현황조사 및 개선방안(2020)〉, 김용성/고려사이버대학교

5. 〈온라인 학습 플랫폼을 활용한 맞춤형 교육훈련 모델수립 방안에 관한 연구(2019)〉, 한국직업능력개발원/한국기술 교육대학교

6. 〈NCS기반의 직업교육훈련 운영 개선방안에 관한 연구(AI 중심으로, 2021)〉, 문성연/전남대학교 대학원

7. 〈유망 sw 분야의 미래 일자리 전망〉, 소프트웨어정책연구소

8. 〈AI 기술개발 현황과 주요 응용 분야별 사업 전략(2020)〉, DACO intelligence,

9. 〈4차 산업혁명 시대 핵심 직무역량 개발을 위한 직업 훈련기관의 인식 및 요구 분석(2021)〉, 이수경, 박연정

9. 〈ETRI AI 실행전략 4: AI 개발형 플랫폼 제공확대(2020)〉, ETRI

10. 〈ETRI AI 실행전략 4: AI 전문인력 양성(2020)〉, ETR

11. 〈ICT 인재양성 중장기 전략방안 연구(2019)〉, 정보통신기획평가원

12. 〈4차 산업혁명 시대 디지털 역량 함양을 위한 소고(2019)〉, 이철현 경인교육대학교 교수

13. 〈AI · SW 인재양성 교육 프로그램 현황조사 및 개선방안(2020)〉, 소프트웨어정책연구소

14. 〈스마트 혁신 시대의 미래전망 및 과학기술 혁신정책 연구(I): AI를 중심으로(2019)〉, 최문정 외, KISTEP

15. 〈마케팅 연구에서의 머신 러닝/AI 활용동향〉, 윤성욱, 정보통신정책연구원

16. 〈AI 융합형 인재양성을 위한 학습자 맞춤형 훈련프로그램 모델 수립방안: 고용노동부의 STEP중심으로(2020)〉, 한국기술 교육대학교

17. 〈AI 기술발전이 인재양성 정책에 주는 시사점(2020): AutoML의 사례〉, 한응영, 정보통신정책연구원

18. 〈AI 기술동향과 오픈소스(2020)〉, 이진휘연구위원, 정보통신산업진흥원

19. 〈SaaS산업시대의 도래와 디지털 마케팅(2021)〉, 이진휘연구위원, 정보통신산업진흥원

20. 〈미래 CEO의 조건: 창조적 리더십〉, 한창수 외, 삼성경제연구소

언론보도

1. [김정호의 AI 시대의 전략] AI 시대, 수학 실력이 최고의 경쟁력이다, 조선일보(2019.11.11.)
2. 4차 산업혁명 시대 '꽃'SW 개발자…평균 연봉 가장 높은 언어는"IT조선(2020.04.27.)
3. "The 15 coding languages with the highest salaries, and how to learn them online at no cost"www.businessinsider.com (2020.08.21.)
4. "[뉴스의 눈]해외도 금융 점포 대수술…사라지는 금융 창구"전자신문(2021.06.21.)
5. "서울시, 치안·방역에 자율주행 AI로봇 투입한다"전자신문(2021.07.29.)
6. "KT, 사내 'AI 로봇 우편물 배송' 시스템 구축"조선비즈(2021.04.18.)
7. "루닛 인사이트 MMG, 식약처 혁신의료기기 지정"매일경제(2021.09.02.)
8. "챗봇 없으면 일 못해"…주문 누락 오류까지 찾아낸다, 매일경제 (2021.06.08.)
9. 개발자 초봉 6,000만원. IT스타트업 '쩐의 전쟁'에 눈물, 동아일보(2021.03.01.)
10. 대기업들이 뛰어드는 '초거대 AI'는 무엇, 매일경제(2021.07.08.)
11. 중국 AI 아카데미, GPT-3 10배 넘는 1조7,500억개 매개 변수 초거대 AI 언어 모델 '우다오 2.0' 개발, AITIMES (2021.06.08.)
13. 오픈AI, 앤드류 응도 놀란 DALL·E 공개, GPT-3 원리로 획기적인 이미지 제작 혁신, AITIMES (2021.01.07.)
14. 네이버, 국내 최초 '초거대 AI'공개…"차세대 AI 주도권 잡겠다", 비즈조선(2021.05.25.)
15. "인간보다 똑똑하다…메타버스 시대 초거대 AI 부상, 전자신문(2021.09.16.)
16. NFT 시대, 그들은 왜 1억짜리 그림을 불태웠나?, 머니투데이 (2021.08.13.)
17. 만질 수도 멜 수도 없는 구찌 가방이 465만원…이게 뭔일, 중앙경제(2021.06.18.)
18. "의료현장에 도입된 '메타버스'…가상환경에서 수술 교육", 청년의사(2021.05.31.)
19. 10년 뒤 6G 세상, 첨단 기술에 선호하는 미래를 담는다, 중앙일보 (2021.07.26.)
20. "자율주행차 같은 실생활 사례가 AI 참교육", 서울경제(2021.07.26.)
21. 우려와 기대 '데이터 3법'시행 1년…변화는?, KBS뉴스(2021.07.28.)
22. 현대重, 국내 최초로 '바다 위 테슬라' 띄웠다…포항운하 10km 완주, 매일경제(2021.06.16.)
23. 포스트 코로나대비… 스마트 팩토리 열풍, 더 거세진다, 조선일보(2021.10.19.)

참고사이트

1. 머신러닝 야학 (https://ml.yah.ac/)
2. 오픈 튜토리얼스 (https://opentutorials.org/course/)
3. YBM AI 교육 과정
4. 소프트웨어개발자 설문조사 (https://www.codingame.com/work/codingame-developer-survey-2021/)

4. "뷰노, 국내 1호 혁신의료기기소프트웨어 제조기업 인증 획득"뷰토 홈페이지 (2021.04.08.)
 https://www.vuno.co/news/view/726
5. "AI 분야 개념부터 진로까지"유튜버 채널 공대선배 스트롱

코딩없이 AI 만들기

노코딩 AI

초판 1쇄 발행 2022년 6월 20일
초판 2쇄 발행 2023년 9월 30일

지은이   하세정
발행처   예미
발행인   박진희, 황부현
편집   최윤도
디자인   김민정

출판등록 2018년 5월 10일(제2018-000084호)

주소   경기도 고양시 일산서구 중앙로 1568 하성프라자 601호
전화   031)917-7279   **팩스** 031)918-3088
전자우편 yemmibooks@naver.com

ISBN 979-11-89877-88-0 03190